Regine Sonnleitner

# Malu – Stimmen des Lebens

„Auszeit“ spricht der Kopf zum Herz,
das freudig schlägt bei dem Gedanken



Rediroma-Verlag

Bibliografische Information der Deutschen Nationalbibliothek:
Die Deutsche Nationalbibliothek verzeichnet diese Publikation in der Deutschen Nationalbibliografie; detaillierte bibliografische Daten sind im Internet über http://portal.dnb.de abrufbar.

ISBN 978-3-96103-664-6



Illustration: Claudia Nordheim



www.rediroma-verlag.de
12,95 Euro (D)

*Inhaltsverzeichnis*

## Autorin

**Regine Sonnleitner** wurde 1969 in Rödental/Oberfranken geboren und lebt nun schon viele Jahre mit ihrem Mann und Mischlingshund Lucky in Hagen/Westfalen.

Ihr erstes Buch mit Kurzgeschichten für die Seele unter dem Titel „Der Flug des Falken“ veröffentlichte sie im Juni 2019. Ihr Favorit Malu, die Fledermaus, inspirierte sie, weiterzuschreiben und so entstand nach nicht all zu langer Zeit „Malu – Stimmen des Lebens“.

Sie ist nicht die typische Autorin, ihre Geschichten entstehen durch Inspiration, Gesprächen und Beobachtungen. Wenn sie das Schreiben anfängt, weiß sie nie, wie eine Geschichte ausgeht. Ihre Geschichten wachsen mit dem Schreiben.

Für sie gibt es immer eine gute Seite und das ist auch der Schwerpunkt in ihren Geschichten. Ihre spielerische Art, die Geschichten mit Tieren zu besetzen, machen die Erlebnisse von Malu und seinen Freunden zu etwas Besonderem. Ihr Lebensmotto ist: „Jeder sollte einen Malu in seinem Leben haben.“

## Widmung

Dieses Buch widme ich all den Menschen, die Malu in ihr Leben lassen.

Des weiteren möchte ich dieses Buch all denen widmen, die noch nicht erkannt haben, dass auch sie ab und zu einen Malu in ihrem Leben brauchen könnten.

## Malu und seine Freunde

Glutrot senkte sich die Sonne am Horizont herab. Die letzten Strahlen warfen bizarre Schatten in den Wald und die Bäume erschienen zu brennen. Es war ein tolles Schauspiel. Man kann es nicht beschreiben, man muss es mit eigenen Augen sehen und auf sich einwirken lassen. Es sind nur wenige Minuten in der Abenddämmerung, die diesen Effekt hervorruft, und auch nur dann, wenn die Sonne rot wird.

Hört man dann noch genau hin, erklingen die Lieder des Waldes noch lauter. Man hört die Vögel ihr Abendlied trällern, das Rascheln im Laub, wo Mäuschen ihren Weg finden, den Specht, der nach Futter in die Bäume klopft.

Holt man dann noch tief Luft, kann man den Duft der Bäume und Blumen wahrnehmen, die im Abendlicht ihren Geschmack noch intensiver entfalten. Es ist der Geruch der Natur, der die Luft filtert mit dem untergehenden Licht der Sonne.

Kleine Falter erwachen und flattern zwischen den Bäumen umher. Die Tiere der Nacht erwachen langsam aus ihrem Schlaf und schleichen aus ihren Höhlen. Blumen schließen ihre Kelche und andere wiederum öffnen sie. Es ist die Zeit, in der sich Stille über die Natur legt. Die Zeit, in der Malu erwacht.

Für die, die Malu nicht kennen: Malu ist eine Fledermaus. Klein, schnell und hochintelligent und immer auf der Suche nach verlorenen Seelen.

Malu ist ein Kleinabendsegler. Er jagt in Wäldern auch unterhalb der Baumkronen. Regelmäßig sucht er auch Nahrungsflächen abseits von Wäldern auf. Oftmals sieht man ihn auch in rasantem Tempo um Laternen flattern. Seine

Flügelspannweite erreicht 26 bis 32 Zentimeter. Er ist das einzige Säugetier, das fliegen kann, und ist auch das einzige flugfähige Wirbeltier.

Als Krafttier verkörpert er die Wiedergeburt und die Auferstehung, die zugleich auch ein Attribut der Unendlichkeit ist. In China gilt er als Glücksbote und für ein langes Leben.

Malu trägt einen starken Namen, er bedeutet Ruhe und Frieden. Er hat auch einige Freunde, die ihm mit Rat und Tat zur Seite stehen.

Da gibt es Mirko, den Weber. Er ist eine Spinne und Spinnen als Krafttiere weben die Schicksalsfäden. Man sagt ihnen nach, sie verweben die Schicksalsfäden der Menschen, sowohl Lebensnetze und auch Gegenwart, Vergangenheit und Zukunft. Mirko bedeutet Friede und Bedeutend, denn das ist er.

Dann gibt es noch Sophia. Als Krafttier Eule verkörpert sie gleich beides Mal die Weisheit. Der Eule als Krafttier sagt man nach, dass sie an die Beobachtungsgabe jedes Einzelnen appelliert. Sie hilft in ausweglosen Situationen, das Licht am Ende des Tunnels zu sehen und niemals aufzugeben. Sie erinnert auch daran, nach draußen zu gehen und sich nicht zu verstecken, sondern mutig und selbstbewusst durchs Leben zu wandern.

Diese drei verbindet eine enge Freundschaft, eine so enge Freundschaft, die es nur selten gibt. Sie sind grundverschieden, doch Sie haben sich gefunden. Mirko klein und zart, Sophia edel und weise und Malu der Glücksbote und die Unendlichkeit.

Sie sind die wahren Besitzer der Erde und die Herrscher über die Natur.

## MALU

**Ruhe und Frieden**

## Offenbarung

Malu streckte seine Flügel auf. Er hing kopfüber vom Fels. Erst einmal recken und strecken und dann ging es los. Er spürte, dass die Sonne sank. Sein Inneres sagte es ihm jeden Abend zur gleichen Zeit. Er stieß sich ab und flog Richtung Felsspalte, die ins Freie führte. Unterwegs winkte er Mirko zu, der am Eingang sein Netz webte. Er hatte zunächst keine Zeit, denn jetzt musste er sich stärken. Seinen Energiehaushalt wieder füttern.

Er flog geschwind nach draußen und tauchte ein in die bizarre Welt der Farben der Abenddämmerung. Die letzen Strahlen der Sonne warfen ihr Licht zwischen die Bäume. Es funkelte in allen Farben, der Himmel schien zu brennen. Hier und da schnappte er nach einigen Insekten. Dann flatterte er tiefer in den Wald, überwältigt, wie jeden Abend, von der Schönheit der Dämmerung, vorbei an unzähligen verschiedenen Bäumen und Sträuchern. Hier und da sah er ein Tier, das im Unterholz nach Nahrung suchte, und in den Kronen der Bäume sangen Vögel ihr Abendlied.

Dann nahm er Sophia wahr. Sie saß auf einen Ast in der dichten Baumkrone einer großen Eiche. Er hielt darauf zu und landete neben ihr.

„Hallo Sophia, Guten Abend."

Sophia schaute ihn an. „Malu, guten Abend, schön, dass du da bist, wie geht es dir?"

„Danke, mir geht es gut, ich werde heute runter zum Waldrand fliegen, da gibt es Nachwuchs, habe ich gehört. Schon seit Tagen wollte ich mir die kleinen Füchse anschauen. Magst du mitkommen?"

Sophia überlegte nicht lange. „Ja klar, ich habe sie auch noch nicht gesehen. Jedoch habe ich gehört, dass es nur zwei Kleine sind.“

Malu und Sophia schwangen sich in die Lüfte und flogen zum Waldrand, wo der Fuchsbau war. Als erstes sahen sie Mama Fuchs, die aus dem Bau kroch. Auf einem flachen Ast in der Nähe ließen sie sich nieder.

„Hallo Mama Fuchs, wir sind gekommen um deine Kinder zu bestaunen“, sagte Malu.

Die Fuchsmama schaute auf. „Oh Hallo, schön, dass ihr da seid. Sagt, könnt ihr kurz aufpassen, ich muss auf die Jagd gehen und ich lasse sie nicht gerne alleine.“

„Klar machen wir das, jetzt sind wir sowieso da“, sagte Sophia.

Die Fuchsmama machte sich auf den Weg. Kurz darauf steckten zwei kleine Knäule ihren Kopf aus dem Bau. „Komm schon, Mama ist weg, jetzt können wir auf Entdeckung gehen.“

Malu flatterte zum Boden. „Halt, ihr beiden, niemand geht hier auf Entdeckung, da draußen lauern Gefahren und ihr seid noch zu klein, um alleine umher zu wandern.“

„Bah, wir sind nicht klein, ich bin schon groß und wir passen auf.“

Langsam kroch ein noch kleineres Fuchsmädchen aus dem Bau. „Hallo, wer bist du?“, fragte es zaghaft.

„Ich bin Malu und dort oben sitzt Sophia, wir haben eurer Mutter versprochen, auf euch aufzupassen. Wie heißt ihr?“

Der Größere schaute auf. „Ich bin Liam und das ist meine Schwester Adia, sie ist etwas klein geraten und schwach, doch ich bin schon groß und stark, ich werde jetzt auf Entdeckung gehen, sie kann ja hierbleiben, wenn sie nicht mithalten kann.“

Entsetzt schaute Malu zu Liam. „Das meinst du doch nicht ernst. Du kannst doch nicht deine Schwester hier alleine lassen. Was wäre, wenn wir nicht hier wären, sie wäre allen Gefahren ausgesetzt."

Liam grummelte: „Also wirklich, ich muss selbst sehen, wie ich klarkomme und dass ich alles lerne, was ich für mein späteres Leben brauche, da kann ich nicht noch auf Adia aufpassen, sie muss ihre eigenen Erfahrungen machen, sonst schafft sie es nie." Liam drehte sich um und wollte losgehen.

Da flog Sophia vom Baum und flatterte mit ihren großen Schwingen vor ihm rum. „Nein, du wirst jetzt mal zuhören, setzt dich, ich werde dir nun eine Geschichte erzählen, eine Geschichte, die das Leben beschreibt."

Aida schlich näher. „Darf ich auch die Geschichte hören?"

Malu schaute Aida an. „Ja, auch du wirst uns zuhören, denn diese Geschichte ist auch für dich bestimmt."

Liam schaute genervt, doch dann setzte er sich neben Aida und schaute beide an.

Sophia setzte sich auf einen tiefen Ast und Malu setzte sich daneben.

Dann fing Sophia das Erzählen an: „Als eure Mama klein war, gerade geboren als letztes von fünf Geschwistern, dachten ihre Eltern, dass sie es nicht überleben würde. Sie war so winzig, hatte kaum Kraft zu trinken und schlief die meiste Zeit. Ihre Geschwister waren alles kleine Jungs und sie wuchsen viel schneller heran. Ihre Eltern haben ihr keinen Namen gegeben, denn sie dachten, dass sie es nicht schaffen würde und etwas mit einem Namen zu versehen bedeutet auch einen tieferen Schmerz, wenn man es verliert. Ihre Brüder sagten immer nur Winzling zu ihr. Alle hatten die Hoffnung aufgegeben, dass sie überlebte." Sophia seufzte. „Ja, eure Mutter war sehr klein und schwach. Ihre Brüder dagegen sehr schnell, sehr stark und groß. Doch sie ließen sie nie alleine, einer war immer bei ihr und beschütze sie. Ich habe es lange Zeit beobachtet und ich fand es faszinierend, wie sie sich um sie kümmerten, obwohl man sie schon aufgegeben hatte. Eines Tages dann war meine Neugierde so groß, dass ich den Bruder, der gerade über sie wachte, ansprach. Ich fragte ihn, warum sie sie beschützten, da sie die Kleine doch schon aufgegeben hatten. Er sagte etwas, das bis heute in meinen Kopf ist. Er sagte: *Hoffnung ist das, was zuletzt geht. In unseren Gedanken heißt sie Hope und wir werden sie niemals aufgeben und bis zum Ende bei ihr bleiben.*

Wisst ihr, das war etwas, was ich nie von so einem jungen Fuchs erwartet hätte. Doch man sagt, dass ein Fuchs nicht nur Wildheit in sich hat, sondern auch Klugheit, doch dass dies in so jungen Jahren schon zum Vorschein kommt, war für mich was Neues. Ich beobachtete über Wochen, wie sie sich um die kleine Hope kümmerten. Nie war sie alleine. Sie spielten mit ihr, brachten ihr Futter und zeigten ihr, wie sie sich verteidigen konnte, auch wenn sie schwächer war."

Malu übernahm. „Ja, die kleine Hope schaffte es, durch ihre Brüder, die einfach nicht bereit waren, sie aufzugeben, sie immer beschützen und sie trotz ihrer Schwäche liebten. Denn sie gehörte dazu."

Liam schaute Malu an. „Wie soll ich sie beschützen, wenn ich doch alleine bin, wir haben keine Brüder, es sind nur Adia da und ich und Mama. Meinen Vater holte der Jäger, bevor wir geboren wurden."

Malu schüttelte den Kopf. „Liam, begreifst du es nicht? Egal, in welcher Situation man ist, es gibt immer ein Licht am Ende des Tunnels und einen Weg. Deine Mama hat dir einen starken Namen gegeben, denn sie wusste, als sie Adia sah, dass du eine große Aufgabe haben wirst. Dein Namen steht für Beschützer und Adias Name für Geschenk. Denn sie ist ein Geschenk für deine Mama, weil sie nur zwei Kinder geboren hat."

Sophia schaltete sich ein. „Liam, deine Mutter wusste, dass sie sich nur auf dich verlassen konnte und dass du eine große Aufgabe in deinem Leben bewältigen musst. Sie legte dir die Verantwortung deiner Schwester gegenüber in die Wiege. Denn sie hatte keine andere Wahl. Ihre Brüder haben sie als kleinen Fuchs beschützt und nie die Hoffnung aufgegeben und genau das verlangt sie von dir."

Liam schaute Adia an. Sie hatte sich unbewusst an ihn gekuschelt und schlief. Sie sah so klein und zerbrechlich aus, jedoch auch süß und verletzlich.

Jetzt verstand er es. Er durfte sie nicht alleine zurücklassen. Seine Mutter musste für sie jagen gehen und seine Aufgabe war es, zu beschützen. Mit großen Augen schaute er Malu und Sophia an. „So, wie es Mama geschafft hat, wird es auch meine Schwester Adia schaffen. Ich werde auf sie aufpassen, bis sie genauso stark ist wie ich. Danke, dass ihr mich aufgehalten habt. Entdecken kann ich die Welt später noch, wenn ich größer bin, jetzt gibt es Wichtigeres zu tun."

Malu lachte. „Ja du hast Wichtigeres zu tun. Vergiss nie, die Schwachen müssen beschützt werden. Du hast nur eine Schwester, da ist es sogar doppelt wichtig."

Liam rollte sich um Adia zusammen und gab ihr seine Wärme und seinen Schutz.

Malu schaute Sophia an. „Schau, sind sie nicht süß, die beiden, oftmals muss man ihnen nur etwas geben, ein Ziel, das sie nicht aus den Augen verlieren und alles wird gut."

Es raschelte im Unterholz, die Fuchsmama Hope kehrte zurück. Als sie ihre beiden Kleinen so aneinander gekuschelt liegen sah, staunte sie nicht schlecht. „Sagt mir, wie habt ihr das hinbekommen, dass die beiden so friedlich zusammen liegen, es erscheint fast so, als würde Liam seine Schwester beschützen."

Malu zwinkerte. „ Weißt du Hope – **Manchmal ist es besser seine Vergangenheit offen zu legen, um denen in der Gegenwart die Augen zu öffnen und um ihnen eine schöne Zukunft zu bescheren**."

Hope dachte darüber nach. „Du hast recht, ich werde meinen Kindern von meinen Brüdern erzählen, die nie aufgegeben haben und mich am Leben erhielten. Es bringt nichts, die Vergangenheit vergessen zu wollen, denn sie zeigt uns auch, dass wir stark waren und ohne sie wären wir jetzt nicht hier. Ich danke euch, dass ihr mir und meinen Kindern die Augen geöffnet habt."

Sophia entfaltete die Flügel. „Komm, Malu lass die kleine Familie jetzt alleine, wir fliegen weiter."

Malu flatterte empor, er sah noch, dass Mama Fuchs sich um ihre beiden Kinder rollte und sich einkuschelte.

Ja, das Leben war schön.

## Stärke heißt überleben

Nach einiger Zeit verabschiedete sich Sophia von Malu und sie flogen getrennten Wegen entgegen.

Malu flatterte durch den Wald und genoss die nächtliche Ruhe. Als er zum Bachlauf kam, hängte er sich an einen Ast und schaute, was sich so am Boden bewegte.

Es raschelte am Ufer und ein schwarzer Kopf mit gelben Punkten schaute zwischen den Gräsern hervor. Malu staunte nicht schlecht, was da erschien. Er hatte schon lange keinen seiner Art mehr gesehen, da es sehr scheue Wesen waren. Er rief nach unten: „Hallo, du da, Mini Drache, schön, dass du dich mal sehen lässt."

„Oh, hallo, wer bist du?", fragte der Feuersalamander, der aus den Binsen schaute.

„Ich bin Malu, sag mir, warum sieht man euch so selten und gibt es hier noch mehr von euch?"

„Ich bin Claudio. Tja, was soll ich sagen, meine Familie wurde von diesem Pilzvirus ausgelöscht, der unsere Art bedroht. Ich bin der einzige, der hier noch übrig ist. Mit knapper Not entkam ich der Seuche, doch ich habe einen steifen Rücken und bin nicht mehr so beweglich, nun versuche ich hier auf diesen kleinen Fleckchen Erde meine Zeit noch zu verbringen."

Malu ließ sich auf die Erde nieder und lief zu Claudio hin. „Zeig mal, von hier aus sieht man gar nicht, dass dir was fehlt."

Claudio lief hin und her „Schau, ich kann mich nur wie ein Stock fortbewegen ..."

Malu grummelte: „Versteh ich nicht, warum verbringst du deine Zeit hier alleine, es stört dich doch nicht, du bist genauso schnell. Warum suchst du dir nicht eine andere Familie?"

„Malu, schau mal, wie das aussieht, wer soll mich schon akzeptieren?" Claudio stakste vor Malu herum.

Naja, es sah schon etwas komisch aus, da ein Salamander normal eine wellenförmige Gangart hatte. Malu verkniff sich ein Grinsen. „Naja, also, ich sehe das nicht als Behinderung an, im Gegenteil, ich sehe das als etwas Besonderes. Wo gibt es schon einen Feuersalamander, der so gerade gehen kann?"

Claudio lachte. „Du hast gut reden, ich stamme von Urtieren ab, da ist kein Urtier mehr an mir, ich bin eine Witzfigur."

Malu überlegte. „Weißt du, ich glaube wir müssen mal etwas an deinen Selbstwertgefühl arbeiten. Komm mit, wir suchen die Schamanin, sie kann dir sicher helfen. Du kannst ja wenigstens über dich selbst lachen, das ist immerhin ein Anfang."

„Wenn du meinst, ich bin für alles offen, außerdem habe ich ja Zeit und es ist eine gute Ablenkung. Lach bitte nicht, wenn ich hinter dir her stolziere, als hätte ich einen Stock verschluckt", feixte Claudio.

Malu schwang sich in die Luft und flog langsam Richtung Bachquelle. Claudio folgte ihm zu Fuß. Es sah wirklich sehr komisch aus. An der Bachquelle angekommen sah Malu schon das Lagerfeuer aufleuchten.

„Komm, Claudio, sie ist hier."

Claudio huschte heran. Malu hängte sich an einen Ast. „Hallo Orenda, ich bringe dir Besuch mit."

Orenda schaute auf. Sie war eine sehr alte Frau mit weißen langen Haaren, in denen Federn eingeflochten waren. Sie saß vor dem Feuer auf einem Felsen und ihre Finger krümmten sich um einen Stab. „Hallo Malu, wen bringst du mir?“, fragte sie.

„Das ist Claudio, und er hat sein Selbstwertgefühl verloren. Ich dachte mir, vielleicht kannst du ihm helfen.“

Orenda schaute Claudio an, dann verzogen sich ihre Mundwinkel. „Ja, ich sehe das, er ist etwas ganz Besonderes.“

Claudio brummelte. „Ihr seid beide echt krass drauf, ich bin besonders, ja, sicher besonders witzig. Es ist ja schon gut, wenn ich über mich selber lachen kann. Doch seht mal genau hin, ich heiße auch noch Claudio, wisst ihr, was das bedeutet, der Hinkende, Lahme, kommt doch gut, echt passend für mich.“

Malu schüttelt den Kopf. „Du musst auch das Gegengewicht sehen. Lahm ist verwandt mit dem russischen lomit und heißt brechen. Dein Namen steht auch für unbändige Kraft. Du musst erst mit dem Alten brechen, um etwas Neues zu beginnen. Man kann nicht immer nur das Negative sehen, es gibt immer eine Gegenseite zu allem.“

Orenda lachte. „Malu hat recht, es wird Zeit, dass du deine Kraft findest, deinen Humor hast du ja schon.“

Orenda nahm aus ihrem Beutel, der neben ihr lag, ein paar Kräuter und legte sie ins Feuer. Augenblicklich flammte es blau auf. „Komm, Claudio, schließe deine Augen, lass uns deine Urkräfte suchen.“

Claudio krabbelte näher an Orenda heran und schloss die Augen. Kaum waren die Augen zu, sah er viele Farben, die um ihn wirbelten, es war schön. Noch nie hat er so eine Farbenpracht gesehen. Er fühlte sich frei, leicht und irgendwie auch geborgen.

Plötzlich waren die Farben weg. Er erschrak etwas und öffnete die Augen. Wo war er? Er schaute sich um und machte große Augen. Eine Höhle, doch so etwas hatte er noch nie gesehen. Es glitzerte und funkelte überall. Kristalle brachen das Licht an den Wänden. Ein See, von dem Dampf aufstieg, beherrschte die Höhlenmitte. Obwohl es tief unter der Erde erschien, war es fast taghell. Er krabbelte ans Ufer, als sich hinter ihm etwas bewegte.

Ein riesiger Kopf erhob sich vom Höhlenboden. Eine riesige Schnauze mit großen Nasenlöchern. Oberhalb befanden sich die Augen, die wie Diamanten erschienen. Über dem Kopf hinweg zogen sich lange Stacheln einen endlosen Körper entlang. Von Schuppen übersät, die feuerrot funkelten. Claudio erstarrte mit aufgesperrtem Maul.

Laut ertönte die Stimme dass die Höhlenwände erzitterten. „Na wen haben wir denn da, wer hat sich in meine Höhle verirrt."

## Claudio

**Hinkende/Lahme mit unbändiger Kraft**

„Ähm, ich bin Clau-au-dio“ stotterte der Feuersalamander. „Or-enda hat mi-ch zu dir gesch-sch-ickt, glaube ich. Bist du ein echter Drache?“

„Ja, oder sehe ich wie ein Plüschtier aus? Ich bin Tejas, ein Feuerdrache.“

Claudio starrte fasziniert Tejas an. Konnte er wirklich echt sein? Er fragte sich das wirklich. Drachen gab es nicht oder sie waren ausgestorben, die kläglichen Nachkommen waren Objekte, wie er eines war. Sicher halluzinierte er bloß.

„Claudio, du halluzinierst nicht, ich bin Wirklichkeit zumindest in dieser Dimension. Über uns gibt es viele Mythen und Sagen, doch warum sollen wir nicht existiert haben, wo es doch Dinosaurier auch gab. Du zweifelst recht schnell und doch gibt es Wesen wie dich, kleine Echsen, die ein klein wenig wie wir aussehen.“ Tejas schmunzelte.

Drachen waren Mythen, es wurde immer noch gerätselt, ob es sie wirklich gab oder nicht, und doch existierte er. Er verkörperte alles, was einen Drachen ausmachte, Kraft, Stärke, Magie, Feuer, Leuchten und Licht, Wissen und Macht.

„Tejas, schau mich an, ich habe durch die Pilzseuche einen steifen Rücken behalten. So akzeptieren mich meine Artgenossen nicht mehr. Nun muss ich mein Leben alleine verbringen. Ich habe schon zu Malu gesagt, dass ich das Alleinsein akzeptiert habe, das ist nicht das Problem. Er meint, ich soll mir eine neue Familie suchen. Doch schau mich an, wer würde mich so nehmen?“

Tejas schnaubte, aus seinen Nasenlöchern entwich Rauch. „Claudio, ich will dir was erzählen. Wir Drachen sind große Kämpfer gewesen und im Kampf blieb es nicht aus, dass wir Gliedmaßen verloren oder Wunden davontrugen.

Jedoch waren dies Zeichen von Stärke und Mut. Je mehr Narben wir hatten, desto mehr wurden wir als tapfer angesehen, denn wir hatten den Kampf überlebt. Du hast den Virus überlebt, der dich eigentlich hätte töten müssen. Du hast in dir gekämpft, um zu überleben. Warum soll man dich verurteilen, weil du nun anders bist? Im Gegenteil, man muss dich bewundern, dass du die Stärke fandest, dies zu überstehen."

Claudio schaute mit großen Augen Tejas an. „Meinst du nicht, dass es lächerlich aussieht, wie ich laufe."

Der Drache prustete Rauch aus seiner Nase. „Verstehst du es nicht? Es ist nichts Lächerliches an dir, nur Mut und Tapferkeit. Klar, ich gebe zu, dass es komisch aussieht, wie du gehst, doch es beeinträchtigt dich nicht, und wenn man es länger sieht gewöhnt man sich daran. Du bist eben jetzt etwas Besonderes, Einzigartiges in deiner Art."

Claudio grübelte. „Du hast sicher recht, ich mache gerne Witze über mich, lache über mich selbst, doch eigentlich finde ich das alles nicht richtig, dass ich nun anders bin."

„Tja, dann solltest du mal umdenken. Klar ist es toll, wenn du im Leid deinen Humor nicht verlierst, er ist wirklich wichtig. Doch du verschließt damit dein Inneres. Um deine Situation wirklich zu akzeptieren, musst du der Tatsache ins Auge sehen und vor allem darfst du dich nicht verstecken. Geh, such dir Artgenossen erzähle deine Geschichte, verschweige nicht, warum du so bist. Erzähle von dem Kampf gegen den Virus, von deiner Einsamkeit und erzähle auch, dass du stolz auf dich bist, dass du es geschafft hast, zu überleben. Geh nun zu Orenda und Malu zurück, sie zeigen dir deinen weiteren Weg."

Der Drache senkte seinen Kopf, Claudio wurde plötzlich müde, mit letzter Kraft sagte er noch: „Danke, Tejas, ich werde wie ein Drache sein, ich werde meinen Urverwandten alle Ehre machen.“ Dann schlief er ein.

Langsam wachte er wieder auf. Das Lagerfeuer brannte noch. Orenda saß auf ihrem Stein und Malu hing am Ast darüber, sie schauten ihn schweigend an.

„Hallo, ihr beiden, ich bin wieder zurück. Ich habe Tejas getroffen. Ich glaube, ich bin nun bereit, mir eine neue Familie zu suchen.“

Orenda zeigte von der Quelle abwärts ins Tal. „Geh immer dem Wasserlauf nach, bis zu dem schwarzen Teich bei den großen Eichen, dort lebt noch eine kleine Population deiner Gattung. Malu kann dich hinbringen.“

„Danke, Orenda, und schöne Nacht noch. Komm, Malu, wir suchen meine neue Familie.“

Malu flatterte auf in die angezeigte Richtung und Claudio stakste hinterher. Es war eine schöne Nacht. Der Himmel war voller Sterne und der Mond schien hell. Plötzlich blieb Claudio stehen und rief: „Schau, Malu, dort oben, das Sternbild, das ist Tejas, mein Vorfahr, der große Drache.“

Malu schaute in den Himmel. Er sah viele Sterne leuchten und er sah, was Claudio sah. War es eine Sinnestäuschung oder Wirklichkeit, egal, er sah den großen Drachen erstrahlen aus vielen kleinen leuchtenden Sternen.

Claudio huschte weiter, bis der schwarze Teich zwischen den Bäumen vor ihm erschien. „Halllooooo, ist da jemand!“, rief er ganz laut.

Malu suchte sich einen Ast auf einer der großen Eichen, die da rumstanden. Es raschelte unter den Wurzeln der Bäume und plötzlich huschten Feuersalamander aus dem Laub am Boden. „Wer schreit hier so rum und verscheucht uns das Abendessen?“, fragte einer davon. Claudio krabbelte näher. „Hallo, ich bin Claudio und ich suche eine neue Familie.“

Alle schauten ihn an, als er näher kam, und dann passierte es, sie lachten. Er wusste nicht, was er davon halten sollte. Es tat weh. Normalerweise machte er an dieser Stelle einen Witz, doch irgendwie fühlte er jetzt nur Enttäuschung. Er drehte sich um und wollte gehen. Da tippte ihm etwas auf die Schulter und er drehte sich nochmal um. Einer der Salamander stand neben ihm und grinste ihn an. „Sei nicht böse mit uns, komm erst mal näher und erzähle uns deine Geschichte, warum du eine neue Familie suchst. Sei ehrlich, es sieht komisch aus, wie du läufst, nimm es uns nicht übel, dass wir gelacht haben, doch wir wissen auch, dass dahinter eine Geschichte stehen muss, denn so wird man nicht geboren. Ich heiße Phileas.“

Unsicher schaute Claudio hoch zu Malu. Dieser flüsterte ihm zu: „Mach schon, das ist deine Chance.“

Claudio ging mit Phileas zu den anderen. Alle schauten sie ihn erwartungsvoll an. Er holte tief Luft. „Tja, ähm, also, naja ... was soll‘s, ich habe meine Familie an die Pilzkrankheit verloren und ich selbst habe einen steifen Rücken zurückbehalten. Ich habe gekämpft ums Überleben, habe den Virus besiegt und trage mit Stolz die Narben meiner Tapferkeit und meines Kampfes.“

Er atmete aus, schnappte nach Luft und wartete. Dann kam der Erste auf ihn zu. „Wow, das nenne ich Stärke, du musst unheimliche Kraft in dir gehabt haben, um das zu überstehen, echt krass.“

Der nächste rückte näher. „Du bist einzigartig, noch nie haben wir gehört, dass jemand diesen Virus überstanden hat.“

Phileas stieß Claudio an. „Komm, du bleibst bei uns, denn einen so tapferen und mutigen Gesellen können wir brauchen, du wirst uns die Angst nehmen und uns Hoffnung geben, dass es auch in harten Zeiten weitergeht.“

Claudio grinste zu Malu hoch. „Danke, Malu, jetzt weiß ich, das man sich nicht verstecken muss, wenn man anders ist und vor allem nicht immer auf die erste Reaktion reagieren, erst abwarten, dann offen sein und dann etwas eingebildet ...“ Claudio lachte und huschte hinter den anderen her, schnell drehte er sich noch mal um. „Malu, ich hab einen Stock verschluckt … schau mal, wie mega meine Körperhaltung ist, haha“, jauchzte er und war fort.

Malu schüttelte den Kopf und flog Richtung Höhle davon. Ja, so ist es wirklich oft, dachte er bei sich. **Man sieht immer nur die Gebrechen und Fehler, doch man sieht nicht die Stärke und den Mut, den es gekostet hat, um das zu überleben.**

Als Malu an der Höhle ankam ging die Morgensonne schon langsam auf. Es war eine lange ereignisreiche Nacht gewesen. Er flog rein in seine Kammer, an Mirko vorbei, der ihm zuwinkte, und hängte sich an die Felswand. Jetzt erst mal schlafen und morgen, wenn die Nacht wieder erwachte, würde er sich aufmachen und nach neuen Seelen suchen, die vielleicht seinen Rat, sein Wissen oder einfach seine Gesellschaft brauchten.

Er wickelte seine Flügel um sich herum und schloss die Augen. „**Ja das Leben ist schön**“, war sein letzter Gedanke, bevor er einschlief.

## Das Wunder der Natur

Der Abend brach herein und Malu erwachte. Er streckte und reckte sich und flog aus der Höhle, um sich Nahrung zu suchen. Mirko webte seine Netze am Eingang. Als Malu satt war, flog er zurück zu Mirko.

„Guten Abend, Mirko, ist es nicht wundervoll heute?“, fragte er.

„Ja, ein perfekter Abend, es hat leicht geregnet tagsüber und nun atmet die Natur auf, man hört richtig, wie die Pflanzen das Wasser aufnehmen und die Tiere des Waldes die Erfrischung genießen.“ Mirko krabbelte in die Mitte seines Netzes. „Schau mal, wie mein Netz glitzert von den Regentropfen, das ist soooo schön.“

Malu staunte. „Das sieht wirklich schön aus, na dann genieße es, ich fliege heute zum Waldrand, mal sehen, was oder wer mir da so begegnet.“

Malu winkte noch kurz und flatterte los. Als er durch den Wald flog, sah er Sophia auf einem Ast sitzen und machte Halt. „Sophia, schönen guten Abend, was machst du heute?“

„Hallo Malu, ich weiß es noch nicht. Wenn du magst, kann ich dich mal ein Stückchen begleiten“, sagte Sophia und flog auf.

Zusammen flogen sie Richtung Waldrand. Es dämmerte noch und die letzten Strahlen der Sonne warfen bizarre Schatten an die Bäume. Es war ein schöner früher Abend. Als die ersten Felder durch die Bäume zu erkennen waren, machten sie auf einer großen Eiche halt. Hinter den Feldern sah man das Dorf, in dem die Lichter in den Fenstern angingen. „Schau mal, Malu, was läuft dort mitten auf dem

Feld, sind das zwei Kinder, die so spät noch unterwegs sind?“

Malu schaute angestrengt auf das Feld. „Du hast recht, lass uns mal sehen, was sie so spät noch draußen machen.“ Er flog mit Sophia in Richtung der Kinder. „Hallo, ihr zwei, was macht ihr so spät noch draußen?“, rief Malu.

Die beiden Kinder schauten auf. „Oh, schau mal“, sagte der Junge zu dem Mädchen, dessen Hand er hielt, „das sind bestimmt Malu und Sophia, denn genauso hat sie uns der alte Georg beschrieben. Erst letzte Woche hat er uns Geschichten von euch erzählt.“

Malu und Sophia schauten sich an. „Tja, Malu, da sind wir schon bekannt und wissen es gar nicht. Kommt mit uns, da vorne ist eine Bank, dort können wir es uns gemütlich machen.“

Die Kinder gingen vorweg und Malu und Sophia folgten. Als sie sich alle auf der Bank niedergelassen hatten, fragte Malu: „Also, was macht ihr noch hier draußen?“

Der Junge sah ihn an. „Wir waren auf der Suche nach euch. In der Schule spricht immer jeder über das Klima und über Umweltverschmutzung, meine Schwester und ich denken jedoch und der alte Georg sagte das auch, dass wir zurück zum Anfang müssen, verstehen müssen, warum die Natur wichtig ist. Was hilft es uns, für die Zukunft Klimawandel und Umweltverschmutzung zu bekämpfen, wenn wir gar nicht verstehen, was Natur überhaupt ist.“

Sophia schaute beide an. „Ihr Zwei seid Jaro und Aylin. Ich habe schon gehört, dass ihr viel in der Natur seid mit dem alten Georg. Ab und zu besuche ich ihn, wenn er auf seinen Spaziergängen meine Flugbahn kreuzt.“

Malu grübelte wieder mal. „Sagt mal, was wollt ihr genau wissen, vielleicht können wir euch helfen, die Natur besser zu verstehen.“

Aylin schaute auf. „Ganz einfach, wir wollen die Natur verstehen, wie funktioniert sie, was braucht sie und was macht sie aus?“

Sophia überlegte. „Nicht wenig, doch ich glaube, ich habe den richtigen für euch, der euch erzählen kann, wie wichtig die Natur und ihre Bewohner sind. Kommt mit, kennt ihr den kleinen Garten im Wald. wo Lucky. der kleine Mischlingshund. sein Revier hat?“

Jaro verneinte und so machten sie sich auf zu dem kleinen Waldgrundstück, in der Voraussicht, dass Lucky da sein würde.

Dort angekommen, kam ihnen der Kleine schon entgegen. „Oh, bringt ihr mir Besuch, Malu?“, fragte er.

„Ja das sind Jaro und Aylin, sie wollen die Natur und ihre Bewohner besser verstehen.“

„Na dann kommt mal rein, macht es euch gemütlich. Der Mond scheint hell und viele Glühwürmchen fliegen heute, so ist viel Licht im Dunkel und ich kann euch mein Reich erklären.“

Alle suchten sie sich einen Platz und Lucky fing das Erzählen an.

# LUCKY

**Glück**

„Ich bin Lucky, ein Mischlingshund. Vor Jahren fand ich neue Pflegemenschen und diese haben für mich diesen kleinen Garten angelegt. Mitten im Wald, mit vielen Tieren und Pflanzen, mein kleines Paradies. Ich möchte euch gerne davon erzählen. Von meinen Beobachtungen und meinen Gedanken. Mein Frauchen hegt und pflegt hier alles und versucht der Natur und ihren Bewohnern so viel wie möglich ihren natürlichen Lebensraum zu belassen. Es ist ein kleines Reich und ich beobachte alles, was hier fliegt und krabbelt, und erfreue mich an jeder neuen Pflanze, die wächst. Viele Menschen, vor allem die Kleinen wie ihr, wissen überhaupt nicht mehr, was Natur ist. Sie wissen nicht, dass sie die Besucher in diesem faszinierenden Grün sind. Ich möchte euch aus meinen Augen erzählen, was es alles zu sehen gibt, wenn man genau hinschaut."

Beide Kinder hörten wie gebannt zu.

Lucky atmete tief durch und sprach weiter. „Stellt euch vor, es ist Frühling, der Schnee ist geschmolzen und die ersten Pflanzen graben sich aus der noch teilweise gefrorenen Erde. Dies ist auch die Zeit wo viele Tiere aus ihren Winterquartieren krabbeln, die Nase in die Luft strecken und den Frühling fühlen. Eine kleine Feldmaus sucht sich Leckereien. Den Winter hat sie in ihrem Bau verbracht und ist nur kurz rausgekommen, um sich Nahrung zu suchen. Jetzt genießt sie die ersten Strahlen und sucht sich einen Partner. Immer wenn die ersten warmen Sonnenstrahlen am Horizont erscheinen, erwacht die Natur zum Leben. Man hört überall das Gezwitscher der Vögel. Sie machen sich auf und begrüßen den Morgen. Es gibt so viele verschiedene Arten, die hier leben, in den Baumkronen und um mich herum. Da gibt es Rotkehlchen, Meisen, Sperlinge, Spatzen, Amseln, Tauben, Eichelhäher, auch Grünspechte und Buntspechte sind hier zu Hause. Man sieht auch Falken und Bussarde. Sogar ein Waldkauz ruft in den Tag hinein. Der Zaunkönig ist auf Brautschau und baut Nester, um seiner zukünftigen Gattin zu imponieren. Es wird ausgekundschaftet, wo geeignete Stellen zu finden sind, um den Nachwuchs aufzuziehen. So viele Bäume und Sträucher und doch findet mancher Nestbau in Dachsparren oder Hütten statt.

Wenn die Tage länger werden, hört man das erste Babygezwitscher. Nun sind die Vogeleltern gefordert und müssen ständig hungrige Mäuler stopfen. Bis zu 14 Stunden am Tag schaffen sie ununterbrochen Futter heran. Um das Nest vor Parasiten zu schützen, nehmen die Eltern nach jedem Fütterungsanflug den Kot der Tiere mit aus dem Nest. Es dauert nicht lange und das Nest wird zu klein und die Neugier treibt die Kleinen zu den ersten Flugversuchen. Sind sie erst mal flügge. benutzen sie das Nest oftmals noch nachts zum Schlafen, bis sie so weit sind, ihren eigenen Weg zu beschreiten. Schaut mal genau hin, irgendwo in eurer Nähe wachsen neue Vogelkinder heran. In Hecken, Bäumen, Sträuchern, auf Balken und sogar im Mauerwerk. Lauft mit offenen Ohren, dann hört ihr die Kleinen schreien.“ Lucky machte eine Pause und schaute Sophia an. „Kannst Du etwas über die Königin erzählen?“

„Ja“, sagte Sophia. „Also, die Königin der Hornissen erwacht im Mai aus ihrem Winterschlaf und beginnt mit dem Nestbau. Dort legt sie die ersten Larven ab, das werden ihre Arbeiterinnen. Erst ab Mitte August werden die ersten Geschlechtstiere herangezogen. Viele haben Angst vor Hornissen. Menschen haben oftmals Allergien, doch nicht weniger als von einem Bienen- und Wespenstich. Weil eine Hornisse so groß ist, wird sie gefürchtet, dabei ist sie ein sehr friedliebendes Insekt. Im Gegensatz zu Bienen und Wespen sind Hornissen gar nicht aggressiv, solange sie sich nicht bedroht fühlen. Sie sind auch oft nachtaktiv und sie mögen auch nix Süßes. Sie fressen bis zu ein Pfund Insekten am Tag, dazu gehören auch Wespen, Käfer und Fliegen, sie sind also keine Vegetarier. Somit sind sie auch sehr nützlich, um das ökologische Gleichgewicht zu erhalten. Das einzige Richtige, was der Mensch hier gemacht hat, war, dass er einsah wie wichtig diese Hornissen sind, und hat sie unter Naturschutz gestellt."

Malu flatterte auf. „Jetzt erzähle ich von Alvin, das ist einer meiner Freunde."

Aylin schaute Malu an. „Wer ist Alvin?"

Malu hängte sich an den Sparren der Pergola und schaute alle an. „Also, Alvin ist ein Eichelhäher. Er kann bis zu zehn Eicheln in seinem Kehlsack transportieren. Er versteckt die meisten davon, doch das Coole ist, er findet sie auch wieder. Er hat ein echt super Gedächtnis. Er mag eigentlich gerne Menschen und ist auch oft in deren Nähe, denn er ist schlau, die stecken ihm schon hin und wieder mal was zu."

Lucky reckte sich. „Ich kenne Alvin, er ist wirklich ein toller Geselle. Doch nun möchte ich euch etwas über das Leben in meinen kleinen Teich erzählen. Naja, es ist eher ein Biotop, denn es schwimmen zwar ein paar Goldfische darin, doch in erster Linie ist es die Heimat von unzähligen Fröschen, Unken und Kröten. Die Kröten und Unken kommen nur ab und zu vorbei, meist nur zum Laichen. Doch die Teichfrösche leben das ganze Jahr hier, sie überwintern auch unter Wasser, manchmal auch eingegraben an Land. Sie sind total hübsch. In der Sonne färben sie sich grün und im Schatten und auf der Erde können sie ihre

Farbe in dunkelbraun ändern, das ist megacool. Ich mag die Farben, wie bei den Libellen, wo hier rote und blaue herumschwirren. Allerdings gibt es auch noch Danger. Ihr Name sagt schon alles, er bedeutet Gefahr. Doch nicht Gefahr für uns, sondern für Mäuse, Frösche, Fische und Kröten, denn die liebt Danger. Sie ist eine Ringelnatter, ein ausgewachsenes Muttertier, knapp zwei Meter lang und ihre Verwandtschaft schwirrt auch hier herum. Sobald es warm genug ist, kommt sie raus und geht auf die Jagd. Viele wissen gar nicht, dass Ringelnattern noch existieren. Sieht ein Mensch eine Schlange, wird gleich geschrien. Dabei wollen sie nur ihre Ruhe haben. Ihr typisches Merkmal sind zwei gelbliche bis weiße halbmondförmige Flecken hinter ihren Kopf. Sie können bis zu 25 Jahre alt werden und ich denke, Danger ist bestimmt schon nahe dran. Der Wald ist ihr Lebensraum. Sie lebt unter Gehölzen, die sich angesammelt haben, und sie liebt auch feuchte sonnige Plätze. Sie ist auch eine gute Schwimmerin, leider ganz zum Grauen der Teichfrösche und Fische."

Jaro hob die Hand wie in der Schule, alle lachten. „Also, ich habe mal eine gesehen und bin wirklich weggerannt und habe dann Georg gefragt, der sagte mir, das sie unter Naturschutz stehen, weil wir Menschen ihren Lebensraum zerstören, dadurch, dass wir viel Wald roden und alles in Zierde verwandeln. So was Blödes, die Menschen sehen, was sie tun und statt weniger zu roden und mehr stehen zu lassen, geben sie den Tieren einen roten Punkt, verrückte Welt."

Malu seufzte. „Jaro, so sind die Menschen sie denken nur oberflächlich. Wenn der Schaden da ist, dann versuchen sie, etwas zu retten, anstatt dass sie davor darüber nachdenken."

Lucky schüttelte den Kopf. „Gut, dass nicht alle Menschen so sind und es so kleine Paradiese wie meines noch gibt. Doch müsste es viel mehr geben, denn es gibt so viele Tiere, die ein Fleckchen bräuchten. Hier gibt es noch einige davon. Wildhasen hüpfen umher. Rehe kommen mit ihren Kitzen vorbei, nachts fliegen viele Fledermäuse und Glühwürmchen durch die Bäume. Ab und zu schleicht ein Marder oder ein Fuchs durchs Unterholz. Vor allem die Umweltpolizei wird langsam ausgerottet weil die Menschen sie aus ihren Gärten vertreiben. Dazu gehören die roten Ameisen, Kellerasseln, Regenwürmer, Ohrkriecher, Falter und Spinnen. Diese werden durch die Gifte, die der Mensch versprüht, oftmals getötet."

Malu schaute hoch. „Mirko ist auch eine Spinne und er ist nützlich mit seinen Netzen. Doch alle ekeln sich vor ihm, dabei ist er wirklich ein sehr guter Freund und die Kunst, so ein Netz zu weben, echt krass ..."

Lucky erhob sich. „Jetzt haben wir euch viel über die Natur erzählt und über deren Bewohner. Wichtig ist, dass ihr wahrnehmen müsst mit all euren Sinnen wenn ihr rausgeht. Hört das Rauschen der Blätter, wenn die Bäume mit euch reden, hört den Gesang der Vögel, das Rascheln am Boden und hört das Atmen der Natur. Riecht den Duft der Bäume und Blumen und seht die Schönheit jeder einzelnen Pflanze und seht genau hin, denn dann seht ihr auch die kleinen Wunder der Natur."

Jaro und Aylin schauten sich an. Aylin seufzte. „Es ist wirklich schlimm, da reden wir in der Schule davon, wie man gegen die Umweltverschmutzung und den Klimawandel vorgehen sollte. Es wird endlos diskutiert. Auch in den Medien hört und sieht man nichts anderes. Doch eigentlich sollten alle wieder raus in die Natur gehen und die Natur wahrnehmen, denn nur so können sie wirklich etwas ändern. Mama sagt immer, Unwissenheit schützt vor Dummheit nicht und ich denke, langsam sie hat recht.“

Jaro unterbrach Aylin. „Genau so sehe ich das auch. Bevor ich was Dummes tue, sollte ich mich erstmal schlau machen. Warum können die Menschen nicht erst über die Folgen nachdenken, bevor sie was tun? Jetzt, wo der Schaden angerichtet ist, diskutieren sie endlos, doch bis sie was umsetzen, um mal ein klein wenig zu retten, vergehen Jahre und alles wird schlimmer.“

Sophia spreizte die Flügel. „Kommt, Kinder, wir bringen euch nach Hause. Es bringt nichts, noch länger darüber zu reden, denn dann sind wir nicht besser als sie. Geht in eure Schule und erzählt von uns, von dem, was ihr von Lucky gehört habt, und gebt es weiter an eure Eltern. Versucht es durchzusetzen, denn es ist eure Zukunft, euer Lebensraum der in Gefahr ist.“

Malu flatterte auf und die Kinder erhoben sich. „Alles Gute für dich, Lucky, und pass gut auf dein kleines Paradies auf und Danke für deine Erzählungen.“

Sie machten sich auf den Weg. Am Waldrand angekommen, verabschiedeten sich Sophia und Malu von den Kindern. „**Nehmt euch jeden Tag einen Moment Zeit, die Stille der Natur mit ihren Tönen, die Farben der Natur mit ihrer Schönheit, die kleinen Dinge zu sehen und euch daran zu erfreuen**. Öffnet eure Herzen und schaut genau hin – nur so könnt ihr sehen und verstehen.“

Die Kinder gingen Hand in Hand über das Feld nach Hause. Sophia schaute Malu an. „Komm, Malu, wir genießen noch die restliche Nacht und fliegen zur alten Eiche. Ich mag dieses Urstück gar sehr.“

Sie flogen los und suchten sich in der riesigen Baumkrone einen Platz, wo sie sich niederließen. Malu seufzte. „Weißt du, Sophia, unsere Eiche steht nun schon seit fast 200 Jahren hier. Ihr Stamm ist von Moos übersät und ihre Äste sind alt und knorrig. Jedes Jahr treiben ihre Blätter neu aus und ihre Früchte sind Nahrung für viele Tiere. Die Äste und das Blätterdach sind Unterschlupf und Heimat vieler Gesellen. Zu ihren Wurzeln wachsen Waldpilze. Schöne Gebilde, wenn man sich die Zeit nimmt, sie zu betrachten. Sie ist ein Urgestein und solange sie hier noch steht in ihrer vollen Pracht, gibt es noch Hoffnung für die Natur."

„So sehe ich das auch, erst wenn unsere alten Riesen sterben, dann ist der Zeitpunkt da, wo es keine Hoffnung mehr gibt. So, ich fliege jetzt noch etwas Nahrung jagen und dann bricht auch schon wieder der Morgen an. Mach's gut, bis zum nächsten Mal."

Sophia schwang sich lautlos in die Lüfte. Malu hing noch einige Zeit an seinem Ast und bewunderte die Eiche.

## Alles hat ein Gleichgewicht

Ein neuer Abend erwachte und mit ihm die drei Freunde. In der Höhle regte sich Malu und Sophia flog gerade herbei. Mirko krabbelte an der Höhlenwand entlang. „Hallo Sophia, willst du Malu abholen? Wollt ihr wieder mal zusammen fliegen?“; fragte Mirko.

„Eigentlich wollte ich euch beide abholen, denn wir müssen heute Nacht die Tiere des Waldes beruhigen, sie sind in heller Aufregung.“

Malu flog herbei. „Warum, was ist passiert?“

„Kommt mit und schaut es euch an.“

Mirko krabbelte geschwind zwischen Sophias Federkleid und schon erhoben sie sich und flogen raus in die angehende Nacht. Es ging quer durch den Wald, über den See hinweg, bis sie am Fichtenwald angekommen waren. Dort erwartete sie ein Bild des Grauens. Am Waldboden saßen Hasen, Füchse, Waschbären, Eichhörnchen und viele Vögel. Alle waren sie wie erstarrt. Als sie Malu und Sophia sahen, atmeten sie auf. Die Freunde landeten und sogleich krabbelte Mirko hervor. „Hallo, alle miteinander, was ist hier passiert, es sieht wirklich trostlos aus.“ Mirko schaute sich um, überall standen kahle Bäume, keine Nadel war mehr da, wo sie hingehörte, sie lagen am Boden, ganz grau. Das satte Grün der Fichtennadeln fehlte und auch der Duft, der diesen Waldabschnitt immer ausgezeichnet hatte, war weg. Malu schaute in die Runde. „Na das sieht mir nach einem alten Bekannten aus der hier sein Unwesen getrieben hat.“

Hope, die Füchsin, schaute Malu an. „Ja, Malu, ich denke das auch, der Winter wahr zu mild und der letzte Sommer zu heiß, somit ist das ganze Gleichgewicht aus den Fugen geraden. Nun haben wir den Salat – unser schöner Fichtenwald ist weg.“

„Nana, Hope, dieser für uns böser Geselle ist auch ein Bewohner des Waldes. Ich jage auch Mäuschen und Feldhamster und Malu Insekten und du selbst magst Fleisch und brauchst es zum Überleben. Nur so wird das natürliche Gleichgewicht gehalten.“

Mit lautem Flügelschlag schwirrte Basma, der Bundspecht, herbei. „Seid gegrüßt, ich weiß, es ist auch ein Teil meiner Aufgabe und meiner Artgenossen, das Gleichgewicht zu halten, jedoch, bei aller Liebe, so viele Borkenkäfer können wir nicht verspeisen.“ Basma schaute in die Runde und dann Sophia an.

„Basma dich trifft keine Schuld. Wisst ihr, der Mensch hat vor Jahrzehnten diese schönen Fichten hier angesiedelt. Was er jedoch nicht bedacht hat, ist, dass Fichten viel Wasser brauchen und eine hohe Luftfeuchtigkeit. Hier in unserer Klimazone war es schon immer zu trocken für sie und je größer sie wurden, desto mehr Bedarf war da. Dazu kommt, dass das Klima sich in den letzten Jahren extrem verändert hat. Der letzte Sommer war einfach zu trocken, der Grundwasserspiegel einfach zu niedrig, als dass unsere schönen Riesen hier überleben konnten. Sie waren schon geschwächt. Unser kleiner Waldbewohner, der Borkenkäfer, ist sehr wichtig für unser ökologisches Gleichgewicht. Normalerweise setzen sie sich in schon kranke Bäume und marodes Gehölz, so schaffen sie auch Platz für Neues.“

Malu seufzte auf. „Es ist traurig zu sehen, dass der Duft unseres Fichtenwäldchens vergangen ist und auch, dass diese riesigen Bäume im Sterben liegen. Wäre der Winter nicht so mild gewesen, so wäre das Gleichgewicht nicht durcheinander geraden und die Familie des Käfers nicht so groß geworden. Dann hätten die Fichten eine Chance gehabt."

Mirko schüttelte den Kopf. „Da seht ihr es mal wieder, der doofe Mensch mit seinem Klimaproblem, er hat alles kaputtgemacht, sogar das Wetter, mit seinen Rodungen und seinen Abgasen und nun sind wieder wir es, die leiden."

Basma lächelte „Was nutzt es uns, zu jammern und einen Schuldigen zu suchen, der Schaden ist schon angerichtet. Diese Bäume hier wären so oder so gestorben, sie waren schon krank. So haben sie zumindest noch unseren Borkenkäfer ernährt. Wären die Bäume gesund gewesen, hätten die Fichten die Kraft gehabt, die kleinen Verbrecher mit ihrem Harz abzuwehren. Das wäre der natürliche Verlauf gewesen."

Malu schaute auf. „Es ist immer der gleiche Ablauf, etwas Altes geht und es kommt etwas Neues nach. Wir können ja mal Alvin, den Eichelhäher, fragen und ihr Eichörnchen könntet auch etwas dazu tun. Damit hier wieder neues Leben wächst. Wir müssen einfach alle zusammen neues Leben pflanzen, indem wir Samen verteilen. Bald werden die Holzfäller kommen und die toten Bäume fällen und dann kommt Licht an den Waldboden und neues Leben wird entstehen. Das ist der all gegenwärtige Lauf der Zeit. Alles wird neu entstehen, denn die Natur ist kraftvoll und voller Energie. Sie wird sich wieder regenerieren. Wir Tiere werden unserer Heimat Kraft geben. Wenn wir das Gleichgewicht nicht halten, wer dann? Der Mensch schafft es nicht, so liegt es an uns."

Hope schmunzelte. „Malu, du hast recht, doch sollte der Mensch langsam mal aufwachen und umdenken, denn Fakt ist, dass er die Hauptschuld daran trägt. Mit den ganzen Giften, die er in den Himmel und die Natur jagt. Irgendwann kommt der Tag, wo die Energie der Erde leer ist und was dann?“

Sophia seufzte. „**Was mal kommt, wissen wir nicht, doch solange die Magie der Erde noch funktioniert, gibt es noch Hoffnung,** und solange es noch einzelne Menschen gibt, die dafür kämpfen, dass es mehr verstehen, was hier passiert ... solange geben wir auch die Hoffnung nicht auf. Lasst uns unsere Fichten verabschieden, auch hier wird neues Leben wachsen, wie Malu gesagt hat. Denn es gibt immer einen Gegensatz.“

Alle Tiere schauten hoch in die nunmehr kahlen Fichtenkronen. Sie erinnerten sich daran, wie sie noch mit grünen Nadeln bedeckt waren. Das Leben, das sich darin abspielte, und die Melodie, die erklang, wenn der Wind hindurchfegte. Sie reckten ihre Nasen in die Luft und fast kam es Ihnen vor, als würden sie den Duft der Fichtennadeln noch riechen. Lange saßen sie in stiller Eintracht zusammen. Dann krabbelte Mirko auf einen Zweig und seilte sich ab. „Da, schaut hin“, rief er plötzlich. „Schaut zum Boden, seht ihr das Grün zwischen den Nadeln, da ist das Leben.“

Tatsächlich, alle schauten auf die Stelle, die Mirko zeigte. Ganz winzig zwischen all den abgestorbenen Nadeln reckte sich ein kleines Pflänzchen dem Nachtlicht entgegen. Die Magie der Erde begann sich zu regen und schaffte neues Leben. Wenn das doch die Menschen sehen könnten, wie viel Kraft und vor allen Wille und Hoffnung in unserer Natur steckt. Sie ist nicht bereit auf zu geben. Noch lange nicht.

Sophia schnappte sich ihren Fahrgast und Malu flatterte in die Lüfte. Sie kreisten noch einmal durch den Fichtenwald, winkten allen zu und dann ging es nach Hause. Alle waren tief in Gedanken versunken.

## Gute Seelen

Die Sonne senkte sich langsam am Horizont herab. Es war nie das gleiche Bild, was sich zeigte. Jeden Abend aufs Neue war es ein einzigartiges Schauspiel. Heute legte die Sonne ihre letzten Strahlen in die Baumwipfel. Ein Strahl verirrte sich und traf den Höhleneingang von Malus und Mirkos Zuhause. So, als forderte er Malu auf zu erwachen. Mirkos Netz am Eingang erstrahlte und funkelte. Er bewunderte dies wie gebannt. Dann rief er in die Höhle hinein: „Malu, wach auf, schau mal, wie die Sonne mein Netz küsst.“

Malu reckte und streckte sich. Es war noch etwas früh für ihn, doch konnte er Mirko nicht ignorieren, also flog er zu ihm hin. „Wow, mega, echt toll, schade, dass es leider nur für ein paar Minuten anhält.“

Mirko lachte. **„Quatsch, es ist der Augenblick der zählt, wenn er auch nicht lange währt, so ist es ein fantastischer Eindruck, den er hinterlässt, und ein tolles Gefühl in unseren Herzen.**“

„Du hast recht, schau, nun sinkt die Sonne weiter und der Mond schaut auch schon heraus. Dann werde ich mich auf den Weg machen und mal sehen, was heute die Magie der Nacht für mich bereithält.“

Malu flatterte in den Wald, zwischen den großen Riesen hindurch, raus auf die freie Ebene, über Felder und Wiesen. Dann sah er vor sich ganz viele Glühwürmchen aufsteigen. Es sah aus, als wären Sterne vom Himmel gefallen, viele leuchtende Punkte schwirrten über die Wiese. Er flog darauf zu. „Hallo, ihr Sterne, was fordert euch heute Nacht zu so einem schönen Tanz auf?“

Ein Glühwürmchen, die kleine Selena, flog auf ihn zu. „Hallo Malu, wir erfreuen uns an dem schönen Abend und heute ist eine Seele wiedergeboren worden, das erfreut uns besonders. Denn nur starke Seelen finden ihren Weg. Deshalb tanzen wir."

Malu lächelte. „Ja, das ist ein freudiges Ereignis, so hat es wieder eine geschafft. Es stimmt mich oft traurig zu sehen, wie viele doch vergehen, da sie ihre Magie nicht rechtzeitig gefunden haben und um so freudiger ist es, zu hören, wenn es wieder eine geschafft hat."

Selena blickte auf. „Auch ich bin eine dieser Seelen und ich habe es dir zu verdanken, dass ich meine Magie noch rechtzeitig gefunden habe. Ich bin wiedergeboren, doch habe ich weinende Herzen zurückgelassen, die es nicht verstehen, dass ich gegangen bin, da sie diese Magie nicht kennen, und das stimmt mich traurig."

Malu ließ sich diesen Satz durch den Kopf gehen. „Selena, du hast Tränen hinterlassen, doch solltest du dir keine Gedanken darüber machen, denn in erster Linie ist es wichtig, dass du nun glücklich bist. Tränen versiegen und schöne Erinnerungen bleiben im Herzen."

„Du hast recht, doch gerade jetzt, wo wieder eine Seele wiedergeboren wurde, hören wir auch das Leid, das damit einherging, dass diese Seele frei wurde."

Malu lauschte. „Ich höre es, ich werde mal schauen, vielleicht kann ich helfen, dass die Stimmen verklingen."

Er winkte Selena zu und flog Richtung Siedlung. Schon von weitem nahm er eine tiefe Trauer wahr. Es war, als würde die Nacht dunkel werden, je näher er flog. Eine solche Finsternis hatte er noch nie gesehen. Da war wirklich etwas nicht in Ordnung. So durfte es nicht sein, dort war keine Magie, kein Licht, keine Hoffnung mehr, nur

Schwärze. Malu schüttelte es, das war gar nicht richtig. Er flog näher heran und sah vor einem der Häuser ein Ehepaar sitzen. Eng umschlungen weinten sie beide. Etwas abseits saß ein kleines Mädchen zitternd alleine und umklammerte einen Stoffhasen. Malu flatterte über sie hinweg. „Hallo, ich bin Malu, könnt ihr mich verstehen?"

Das Ehepaar hob die Köpfe und schaute mit Tränen in den Augen in den Himmel. Malu sah schon, sie verstanden ihn nicht. Er flog zu dem kleinen Mädchen und schaute es an. „Verstehst du mich?"

Das Mädchen schaute auf. „Ja, ich verstehe dich, ich heiße Marion und meine Schwester Julia ist heute gestorben."

Malu krabbelte näher heran. „War deine Schwester krank?"

„Ja sie war schon lange krank, doch sie hat mir immer viele Geschichten erzählt und sie war immer fröhlich. Mama und Papa sagten immer, deshalb haben sie sie Julia genannt, das bedeutet die Fröhliche, sodass sie die Zeit, die sie hat, auch fröhlich verbringt. Doch nun ist sie nicht mehr und es ist eine entsetzliche Leere in mir und meine Eltern leiden so schlimm."

„Weißt du, Marion, ich bin gerade über die große Wiese vorm Dorf geflogen und da traf ich die Glühwürmchen, sie tanzten und freuten sich, denn heute ist eine Seele wiedergeboren worden und ich weiß, dass es die Seele deiner Schwester war."

Marion schaute Malu mit großen Augen an. „Julia sagte mir immer, ich soll nicht traurig sein, wenn sie mal geht, denn sie glaubte fest daran, dass sie wiedergeboren wird. Sie erzählte mir immer, dass sie ihre Magie im Herzen trägt, die ihr dabei hilft, dass ihre Seele nicht vergeht."

Malu schaute fragend. „Siehst du, und warum freust du dich dann nicht?“

„Ach, Malu, schau dir meine Eltern an, sie wenden sich sogar von mir ab, sind so untröstlich, dass es mich friert wenn ich in ihre Nähe komme.“

Malu schaute zu ihren Eltern. „Sie haben ihre Magie vergessen, ihr Herz ist schwach. Komm, wir gehen zu ihnen. Sie verstehen mich zwar nicht, doch du kannst übersetzen. Setz dich dazu und nimm ihre Hände, damit sie durch dich sehen, und dann gehen wir zusammen auf eine Reise, um ihre Magie wiederzufinden.“

Marion stand auf und ging langsam auf ihre Eltern zu. Als sie bei ihnen angelangt war, griff sie nach deren Hände und ließ sich vor ihnen nieder.

„Mama, Papa, schaut, wen ich mitgebracht habe. Das ist Malu und er wird uns mitnehmen auf eine Reise. Lasst es zu und schaut durch meine Augen, denn auch ich habe eine Schwester verloren, genau wie ihr eine Tochter.“

Die Eltern schauten sich verwundert an und blickten auf Malu. Dann sahen sie Marion an, das Kind, das ihnen geblieben war, und sahen in ihren Augen die Hoffnung leuchten, die Bitte, sich darauf einzulassen, und die Trauer um ihre Schwester. Zaghaft nickten sie beide. „Schließt die Augen und wir werden losfliegen.“

Marion schloss die Augen und ihre Eltern taten es ihr nach. Es funkelte und glitzerte, die Nacht erschien taghell, als sie sich in den Himmel erhoben.

„Wo kommt das Licht her?“, fragten ihre Eltern und staunten.

„Das ist die Magie der Nacht, das Licht in der Dunkelheit. Wenn ihr es sehen könnt, dann gibt es Hoffnung für euch. Wir werden einen Freund besuchen, er wohnt auf der großen Wiese und er freut sich immer über Besuch."

Als sie die Wiese erreichten, ließen sie sich alle nieder. „Ich will euch Galdur vorstellen, er ist ein Maulwurf. Er gräbt um, was viel zu lange unten lag, und schiebt ans Tageslicht, was nicht mehr gebraucht wird. Ein Maulwurf kennt alle Wurzeln der Dinge und unterstützt die Heilkräfte." Malu schlug mit seinen Flügeln auf die Erde und es dauerte nicht lange, da brach die Erde vor ihm auf und ein schwarzer Kopf schaute heraus.

„Oh, hallo, Malu, was gibt es?"

„Hallo Galdur, ich bringe dir hier diese kleine Familie, sie hat heute eine Tochter und Schwester verloren, doch haben die Eltern auch ihre Magie verloren, da sie mit dem Kummer nicht klarkommen. Die Seele der kleinen Julia ist heute wiedergeboren, es ist eine starke Seele gewesen und sie fliegt in Freude mit Selena über die Wiesen. Doch hier vor uns ist Finsternis, eine so tiefe Trauer, dass es sogar mich friert."

Galdur schnupperte in die Luft. „Entschuldigt bitte, doch ich kann nicht sehen, so lass ich meine anderen Sinne diese Aufgabe übernehmen, doch ich erkenne den Duft der Trauer und auch den Duft eines reinen Herzens."

Marion schaute den kleinen Maulwurf an. „Ich bin Marion, ich kann dich verstehen, doch meine Eltern verstehen nicht mehr, ihr Herz ist verschlossen, doch sie verstehen durch mich."

Marions Eltern schauten sich erstaunt an und ihre Mama sagte: „Hab ich das jetzt richtig verstanden, der Maulwurf und die Fledermaus reden mit uns?"

Marion zeigte auf Malu. „Ja, Mama, und Malu hilft uns, dass wir alle verstehen, dass unsere Julia noch immer bei uns ist.“

Malu schaute Galdur an. „Sag, kannst du mir helfen, dass sie ihre Trauer besser verarbeiten?“

Galdur krabbelte ganz aus seinen Hügel. „Ja, das kann ich, ich will euch eine Geschichte erzählen, hört mir genau zu.“

Er machte es sich gemütlich, schaute in die Runde und als er merkte, dass sie ihn alle gespannt ansahen, fing er zu erzählen an. „Vor langer, langer Zeit gab es hier viele Elfen. Ja, ihr schaut skeptisch, doch es gab sie wirklich. Jeden Abend, wenn der Mond sein Licht in die Nacht schickte und die Sterne funkelten, kamen sie heraus und tanzten fröhlich auf der Wiese. Es war wunderschön, wie sie mit ihren glitzernden Flügeln und hauchzarten Kleidchen zwischen den Blumen herumtollten. Die Wiesen erstrahlten jede Nacht auf‘s Neue und eine unfassbare Magie lag frei darüber. Wir anderen Tiere erfreuten uns an ihrem Tanz und schöpften Kraft aus ihnen. Dann kamen die Menschen und immer seltener tanzten die Elfen auf der Wiese und es wurden immer weniger. Wir Tiere wunderten uns und eines Abends, als sie wieder mal tanzten, fragten wir sie, warum sie nur noch so selten rauskommen würden. Daraufhin sagten sie uns, sie brauchen reine Herzen, um sich zu zeigen, doch die Menschen hätten so leidvolle Herzen, dass sie ihre Magie nicht finden würden. Je mehr Menschen sich ansiedelten, desto weniger Elfen tanzten. Wir Tiere waren alle sehr traurig darüber, dass wir uns Hilfe suchten. Wir wussten, dass in dem großen Berg im Wald ein Drache wohnte, also gingen wir zu ihn. Drachen waren magische Wesen zu dieser Zeit und wenn es um Magie ging, konnte nur er uns helfen.“ Galdur atmete tief durch und Marion schaute ihn an. „Drachen gab es auch?“, staunte sie.

„Ja, mein Kind, es gab zu dieser Zeit auch Drachen. Doch dieser Drache war ein alter und weiser Drache, der eigentlich nur noch seine Ruhe wollte, und nun kamen wir, die Tiere, und baten ihn darum, den Elfen zu helfen. Als wir bei ihm ankamen, sein Name war Anam, das bedeutete Seele, war er nicht gerade begeistert davon dass wir ihn störten. Ihr müsst wissen, dass er ein goldener Drache war, der Urahn aller Drachen und schon viele tausend Jahre alt. Er war müde, hat zu viel erlebt und gesehen in seinen immerwährenden Leben und wollte nur noch seine Ruhe haben. Jetzt kamen wir und er war nicht erfreut darüber.“

Galdur machte eine Pause und schaute alle an. Malu fragte: „Konnte der Drache euch helfen?“

Der Maulwurf lachte. „Es kommt darauf an, wie man es sieht. Also, wir trugen unser Anliegen vor, erzählten ihm, dass die Elfen nicht mehr tanzten, seit immer mehr Menschen sich ansiedelten, und immer mehr Elfen verschwanden und kamen nicht mehr wieder. Wir erzählten ihm auch, dass die Elfen uns sagten, dass die Menschen keine Magie mehr hätten. Wir verstanden dies nicht, was damit gemeint war. Anam schaute uns lange an und dann sagte er zu uns: *Jede Elfe ist eine Seele, die ihre Magie gefunden hat. Wenn die Menschen ihre Magie in ihrer Seele nicht finden und ihren Glauben und ihre Fantasie verloren haben, gibt es irgendwann keine Elfen mehr. Sie müssen lernen, ihr Herz zu öffnen, damit ihre Seele frei wird und die Chance hat, wiedergeboren zu werden. Die Menschen müssen wieder lernen zu glauben. Sie lassen sich von ihrer Trauer und von allem Leid beherrschen. Keiner sucht nach dem*

*Gegensatz. Erst wenn sie wieder begreifen, dass alles eine gute Seite hat und alles einen Sinn und vor allem eine Magie, dann wird es auch wieder Elfen geben.* Das sagte er zu uns und dann legte er sich wieder schlafen."

Marion unterbrach Galdur. „Sag mir, meine Schwester erzählte immer von den tanzenden Elfen und sie hatte so schöne Geschichten im Herzen. Nie jammerte sie, sondern sie brachte immer Licht in meinen Tag, war sie eine Elfe?"

Galdur lachte. „Nein, Marion, sie war keine Elfe, doch sie hatte ihre Magie in der Seele gefunden. Durch ihren Glauben an all das Schöne und ihre Fantasie hatte sie ein offenes Herz. So konnte sie sehen, was andere nicht sahen."

Malu sprach dazwischen. „Schaut über die Wiese, da sind sie wieder, die Glühwürmchen, tausend Sterne, es sieht aus, als würden sie tanzen."

Alle schauten sie gebannt den Lichtpunkten zu. Plötzlich sagten die Eltern von Marion wie aus einen Mund. „Ich kann dich verstehen, Malu, und auch dich, Galdur, wie ist das möglich?"

Galdur freude sich. „Seht ihr? Auch in euch wohnt eine Seele, sie war schwarz überlagert, weil ihr die Magie verdeckt habt mit eurer Trauer. Schaut genau hin, dort sind die tanzenden Elfen, jeder einzelne Lichtpunkt ist eine wiedergeborene Seele und eure kleine Julia tanzt mit ihnen. Ihr braucht nicht trauern, seit dankbar, dass ihr sie eine Zeit in ihren Leben begleiten konntet. Erinnert euch an ihre Geschichten, an ihre Fantasie, an ihr Lächeln. Nur das ist wichtig und denkt immer daran, nur gute offene Seelen werden zu Elfen. Je mehr ihr trauert, desto mehr verliert ihr die Erinnerung an die schönen Dinge, die ihr mit ihr erlebt habt. Sie ist nun glücklich, da, wo sie ist. Wenn ihr Tanz hier zu Ende ist, wird ihr Licht aufsteigen und ein neuer

Stern wird am Firmament erscheinen. Sie wird immer bei euch sein, solange ihr euer Herz nicht verschließt, denn darin wird sie immer einen Platz haben.“ Galdur drehte sich um und sah auf die Wiese, es war wie in vergangenen Zeiten, das Licht, der Tanz, nur die Gestalten der Elfen fehlten – doch wenn man genau hinsah, erkannte man auch sie, doch dazu musste das Herz frei sein. Malu sah die kleine Familie an. „Habt ihr Lust, noch einen weiteren Besuch abzustatten?“

Marion hüpfte auf und griff die Hände ihrer Eltern. „Kommt wir fliegen mit Malu, denn das hätte Julia sich gewünscht, einmal mit Malu fliegen. Lasst es uns für sie tun.“

Ihre Eltern schauten sie an und die Mama sagte. „Meine Kleine, wenn das dein Wunsch ist, dann werden wir es tun. Malu, zeig uns deine Welt und zeig uns, wie wir den Schmerz aus unseren Herzen bekommen.“

Malu flog auf und nahm die drei mit. Er flog tiefer in den Wald bis er zu dem kleinen See kam, an dessen Ende ein kleiner Wasserfall ins Becken stürzte. „Kommt, setzt euch zu mir, jetzt müssen wir etwas warten. Schaut, wie der Mond sein Licht im See spiegelt, lauscht den Stimmen der Natur und nehmt den Duft des Waldes wahr. Erst wenn wir alle in uns die Magie der Natur spüren, wird er erscheinen.“

Schweigend saßen sie am kleinen See, hörten das Rauschen des Wassers und der Bäume und sie atmeten den Duft der Erde ein. Dann plötzlich wurde es still. Alle sahen sie wie gebannt auf den See. Dort, wo das Wasser vom Fels stürzte, entstand ein feuerrotes Licht, es wurde immer heller, fast so, als würde das Wasser brennen. Dann sah man ihn, ein riesiger Vogel mit langem Schwanz glitt heran. Er schimmerte in allen Farben von Rottönen und war wirklich sehr groß. Sein Auftreten war majestätisch und sein Aussehen übertraf alles, was man je als schön bezeichnet hat. Anastasia, der Feuervogel, ein Phönix, schwebte über den See direkt vor die kleine Familie und Malu. Marion saß mit offenem Mund da und staunte nicht schlecht. „Mama, Papa schaut, ihn gibt es auch, ich kann es nicht fassen. Seht hin, er sieht genau so aus, wie Julia ihn mir in den Geschichten beschrieben hat."

Ihr Papa strich ihr über den Kopf. „Mein Kind, ich bin selbst erstaunt darüber, doch ich sehe ihn auch. Noch nie habe ich so eine Pracht vor Augen gehabt. Es ist wirklich eine magische Nacht."

Der Phönix schaute alle an, dann erklang eine Stimme die sanft und hell war. Wie ein Lied strich sie in die Herzen der Gruppe. „Seid gegrüßt, ich bin Anastasia, ich stehe für die Auferstehung und die Wiedergeburt und ich spüre, dass eure Seelen bluten. Ihr habt viel Leid im Herzen, doch sehe ich auch Hoffnung und Erkenntnis. Ihr müsst wissen, nicht jeder kann mich sehen, nur diejenigen, die reinen Herzens sind, denen offenbare ich mich. Ich bin ein Feuervogel ich bringe das Feuer der Reinigung in euer Leben. Ihr müsst euren Ballast abwerfen und euch von der Vergangenheit trennen. Alles, was euch traurig, ängstlich oder krank macht, werft nun in mein Feuer. Mein Feuer wird ans Licht bringen, was das Tageslicht nicht vermag." Anastasia seufzte auf. „Ich weiß es ist schwer, loszulassen. Doch hört mein Lied und zieht daraus die Kraft und die Magie, die in euren Seelen wohnen, und nehmt an, was euch gegeben wird."

Breit spannte Anastasia ihre Flügel auf. Die riesigen Schwingen schienen, als würden sie brennen. Es entstand ein wunderschönes Licht am Himmel, es sah aus, als würde der Himmel brennen. „Hört in euch hinein, wer etwas gewinnen will, muss etwas opfern, und wer geboren wird, wird auch sterben. Ich möchte euch die Angst vorm Sterben nehmen und auch die Angst vorm Nichts im Jenseits. Seid ihr erst mal mit mir durch‘s Feuer gegangen, geht ihr strahlender und kräftiger und fröhlicher hervor. Jeden Morgen, wenn die ersten Strahlen der Sonne mein Federkleid berühren gehe ich in Flammen auf und es bleibt nur ein Häufchen Asche von mir übrig. Ich erwarte die ersten Sonnenstrahlen jeden Morgen mit Freude, obwohl ich weiß, dass sie mein Ende bringen. Würde ich mit Ängsten diese Zeit erwarten, hätte ich nicht gelebt. Dann wenn meine Asche erkaltet ist, entstehe ich neu. Kraftvoller und Schöner entsteige ich der Erde. Denn meine Seele ist nicht verbrannt, weil die Magie in ihr ist. Es ist egal, wie kurz oder lang eine Lebensspanne ist, wichtig ist, dass man den Glauben daran nicht verliert, dass es ein Danach gibt. In welcher Form auch immer.“

Malu schaute die kleine Familie an.

„Hört ihr das Lied, das dahinter steht, das Lied der Freude? Wenn eine Seele von uns geht, wird eine Elfe geboren. Wir behalten die Erinnerung des von uns gegangenen in unseren Herzen, doch wir sollten uns mit Freuden daran erinnern, an die schönen Dinge, die wir mit denjenigen erlebt haben. Wenn es eine gute Seele war so wie Julia dann wird sie wiedergeboren, sie wird auferstehen wie der Phönix aus der Asche.“

Marion und ihre Eltern hatten Tränen in den Augen. Anastasia schwebte näher und fing mit der Flügelspitze von jedem eine Träne auf. „Eine Träne ist nicht immer ein Zeichen von Schmerz und Trauer, diese Tränen sollen

Freudentränen sein. Freude darüber, dass euer Kind und deine Schwester Magie in der Seele hatte. Sie wird weiterleben als kleiner Stern in euren Herzen. Gönnt ihr die Freude, seht sie mit den Elfen tanzen, seht, wie hell ihr Feuer des Lichts brennt. Denn dies ist die wahre Magie, lachend und dankend sich an die kleine Elfe zu erinnern, die eine Zeit lang unser Leben teilte. Ein Körper vergeht, doch das, was diesen ausmacht, reist zu den Sternen."

Malu schaute Anastasia an. „Sag mir, wirst du auch morgen wieder in Flammen aufgehen?"

„Ja, Malu, jeden Tag auf's Neue und doch erfreue ich mich an meinem Leben, denn nur mein Körper wird vergehen. Nun geht hin, es ist bald morgen und ich will noch etwas von der Magie der Nacht genießen." Sie schaute nochmal tief in die Augen der kleinen Familie. „Hört mein Lied, seht mein Feuer und meinen Glanz und seht das Licht. das über allem steht." Mit diesen Worten schraubte der Phönix sich in den Himmel und entschwand langsam in der Nacht. Immer dünner wurde der Lichtschein, bis nur noch das Licht des Mondes die Lichtung erhellte.

Malu schwang sich in die Lüfte und brachte die drei wieder nach Hause. Dort angekommen setzte er sich noch etwas zu ihnen. Alle schauten ihn erwartungsvoll an.

„Danke, dass du uns unsere Magie wieder in unser Herz gebracht hast", sagte der Vater.

Malu schüttelte den Kopf. „Ich war das nicht, denn eure Magie war schon immer dort, sie war nicht weg, nur von Trauer überlagert. Jetzt versteht ihr, ihr seht wieder mit den Herzen, denn das Wesentliche ist für die Augen unsichtbar. Lasst Julia gehen und erfreut euch an den schönen Erinnerungen, die sie eine Zeit mit euch teilte. Achtet auf den Tanz der Glühwürmchen und erfreut euch daran und schaut in die Sterne, dort oben leuchtet ein heller Stern direkt in eure Herzen. Seht die Magie und glaubt daran. Fantasie und Wirklichkeit liegen so eng zusammen, es ist nur eine Sache des Glaubens.“ Marion nahm ihre Eltern in den Arm. Plötzlich schwirrten lauter Glühwürmchen um die kleine Familie herum, es war ein sehr helles Leuchten, die Schwärze war vergangen. Malu flog auf, mitten durch die leuchtenden Punkte. Im Davonflattern hörte er eine leise Stimme die ihm zuflüsterte. „Siehst du mich leuchten? Ich bin es, Julia, und Danke, dass du meiner Familie die Magie wieder näher gebracht hast.“

Malu lachte, freudig flog er über die Wiesen und Felder in seine Höhle und er dachte so bei sich: **„Ist das Leben nicht schön, wenn man an die Magie glaubt?“**

## Wahre Freunde

Die Sonne war schon ganz verschwunden am Horizont, als sich Malu endlich regte. Er streckte sich und flatterte durch die Höhlengänge, nahm hier und da im Flug ein paar Insekten zu sich und flog dann hinaus zum Höhlenplateau. Dort ließ er sich nieder, setzte sich an die Kante und wedelte mit seinen Schwingen hin und her. Mirko krabbelte heran. „Guten Abend Malu, was ist los mit dir, heute nicht im Wald unterwegs?"

Malu schaute auf. „Guten Abend, Mirko, nein, heute flieg ich nicht raus. Ich habe festgestellt, dass ich es doof finde, dass du immer alleine hier bleiben musst, da du nicht fliegen kannst. Sophia fliegt mit mir, doch du kannst das nicht und wir sind Freunde."

Mirko schaute nachdenklich drein. „Malu, das macht nichts, ich bin das doch gewohnt und du kommst ja immer wieder zurück."

„Ich sehe das anders, man muss sich Zeit für seine Freunde nehmen, also mache ich das heute Nacht, mal sehen, sicher kommt Sophia auch vorbei, dann können wir zu dritt etwas unternehmen."

Mirko krabbelte neben Malu und schaute ihn an. Aus dem Wald erscholl der Ruf von Sophia und schon war sie da. „Guten Abend, ihr zwei. Malu, heute nicht unterwegs?" Sie ließ sich neben den beiden nieder.

# SOPHIA

**Weisheit**

„Nein, heute nicht, ich habe beschlossen, den Tag meinem Freund Mirko zu widmen. Es ist doch doof, wir beide fliegen immer neuen Erlebnissen entgegen und er muss hierbleiben, weil er nicht fliegen kann. Gut, ab und zu nimmst du ihn mit, doch das wiegt es nicht auf. Also, finde ich, sollten wir beide heute hier bleiben und Mirko Gesellschaft leisten."

Sophia legte den Kopf schief. „Tja, ok, und was machen wir? Die Nacht ist lang."

Alle drei saßen sie nun schweigend da und jeder für sich überlegte. Mirko sprach als Erster. „Ich finde wir könnten ... tja, was?" er schüttelte den Kopf. „Ich weiß nicht, was … das ist doch doof, fliegt ihr hinaus und ich webe ein paar Netze und wenn ihr wiederkommt, könnt ihr mir davon erzählen."

Malu schaute grimmig. „Nein, nein und nochmal nein, es ist heute dein Tag, der Tag der Freundschaft. Dazu habe ich ihn gemacht und es kann doch nicht so schwer sein, etwas zusammen zu unternehmen, wenn man wie wir so eine dicke Freundschaft haben."

Sophia plusterte sich auf. „Ihr beide seid so komisch, nicht reden zeichnet eine Freundschaft aus, sondern miteinander schweigen zu können. Das, was wir drei zwischen uns haben, ist sehr kostbar und selten. Eigentlich benötigen wir keine Worte, um uns zu verstehen."

Malu seufzte. „Keine Worte … was dann?"

Sophia machte es sich bequem. „Lasst mich euch eine Geschichte erzählen, eine Geschichte von der wirklich wahren Freundschaft."

Mirko und Malu machten es sich ebenfalls gemütlich und lauschen gebannt, was Sophia erzählte. „Wie ihr wisst, fangen gute Geschichten mit *es war einmal* an und so werde ich sie auch beginnen. Also, es war einmal vor langer Zeit in einem fernen Land ein kleines Mädchen. Sie wurde geboren in einem sehr guten Zuhause mit Schwestern, Eltern und Großeltern. Doch sie war anders. Ihr fragt sicher, wie anders. Tja, also, sie war schon als kleines Kind lieber für sich. Sie sprach wenig wurde deshalb aufgezogen, doch sie wollte einfach nicht sprechen. Sie fand es besser zu schreiben. Schreiben konnte sie ohne unterbrochen zu werden und ohne dass man das widerlegte, was sie sagte. Sie liebte die Natur und ging oft mit ihrem Großvater in den Wald. Dort schnitze er ihr Spazierstöcke und zeigte ihr die Tiere und Pflanzen des Waldes. Oftmals gingen sie nur schweigend nebeneinander. Er war es auch, der ihr das erste Buch zum Schreiben schenkte. Ich glaube, er sah dem Mädchen schon damals in die Seele und erkannte, dass sie ein tiefgründiger Mensch werden würde. Das Mädchen wuchs heran, wurde älter, jedoch hatte es Bekannte, ja, einige, doch wirklich echte Freunde, nein, immer wieder wurde sie enttäuscht, hintergangen und verspottet. Was ihr blieb, war das Schreiben und Lesen. Sie verschlang Bücher und schrieb ihre Träume, Sorgen und Ängste auf. Sie verbrachte viel Zeit in der Natur und suchte dort ihre Kraft weiterzugehen. Irgendwas fehlte ihr in ihrem Leben. Die Liebe – nein, das war zu einfach. Denn geliebt wurde sie ja von ihrer Familie. Freiheit – ja nach dem Leben nicht mehr in ein Bild gepresst zu werden, wie sie andere haben wollten.“ Sophia machte eine Pause.

Malu fragte. „Und was hat das mit Freundschaft zu tun?“

„Warte mal, das kommt noch, doch müsst ihr auch wissen, was vorher geschah, sonst werdet ihr den Rest nicht verstehen“, sagte Sophia. „Also, Freiheit war der besondere Wunsch, den sie hatte, doch was war Freiheit? Mit diesem Thema beschäftigte sie sich oft. Sie fühlte sich in ihrem Leben eingeengt und missverstanden. Je älter sie wurde, desto mehr musste sie die Erfahrung machen, dass vieles in einer Enttäuschung endete. Irgendwann dann reichte es ihr und sie sagte sich los, sagte Nein, denn damit fing Freiheit an. Sie kannte viele Menschen, doch als sie ging, waren es nur sehr wenige, die bei ihr blieben. Nicht neben ihr, jedoch in ihrem Inneren. Es wurden mit den Jahren immer weniger. Einsam war sie nie, sie liebte die Stille denn dann fand sie sich selbst. Sie konnte sein, wie sie wirklich war. Dann kam für sie ein harter Kampf nach dem anderen, eben das Leben holte sie ein. Doch immer stellte sich heraus, dass sie Menschen in ihrem Herzen hatte und kennenlernte, die sie so nahmen, wie sie wirklich war. Denn sie verstellte sich nicht mehr, sie war sie selbst. Es war komisch, doch der kleine Kreis, den sie nun Freunde nennen konnte, war mehr wert als die vielen vorher. Sie wohnten sehr weit auseinander, sahen sich selten, doch sie verstanden sich auch ohne Worte. Denn sie fühlten sich. Es waren Freundschaften, die über viele Kilometer hielten und in Leid und Not zusammen standen. Der eine fühlte, wenn es den anderen nicht gut ging. Sie vermisste sie oft und war traurig, dass sie so selten zusammenfanden, doch sie lernte den Wert dieser Freundschaften schätzen. Denn es war die schönste Seite der Freiheit, so geliebt und akzeptiert zu werden, wie sie wirklich war."

Mirko seufzte. „Wow, das muss schön sein, so im Herzen zueinander zu stehen, genau wie wir."

„Genau so ist es und wisst ihr, was die wichtigste Erkenntnis des Mädchens im Leben ist? Dass wahre Herzensfreundschaften das wichtigste sind, denn sie sind alles – Seelengefährten, Wegbegleiter, sie bringen Kraft, Trost,

Hoffnung und Liebe und sie lassen einen nie allein. Denn auch wenn man sich nicht sieht, sie sind fest in einem verwurzelt. Wenige lernen je den Wert und die Kostbarkeit einer solchen Freundschaft kennen."

Malu lachte auf. „Wir drei hier sind Freunde im Herzen und in der Seele. Wir wissen, dass unsere Freundschaft was Kostbares und Einzigartiges ist. Gegenüber dem Mädchen sehen wir uns viel öfter."

Mirko kicherte. „Ja, und du glaubst, dass ich einsam bin, weil ihr so viel unterwegs seid. Da, schau mal, das Mädchen sieht ihre Herzensfreundinnen viel seltener, als wir uns sehen, und trotz allem hält die Freundschaft."

Sophia nickte. „Also habt ihr verstanden, was ich euch mit dieser Geschichte sagen wollte. Wichtig ist nicht, wie oft man sich sieht oder wie viel man zusammen redet oder unternimmt. **Wichtig ist, dass man auch zusammen schweigen kann und sich trotz allem nicht aus dem Herzen verliert**."

Alle drei schauten sich an. „Seht mal zum Horizont, sind das schon die ersten Farben der Morgendämmerung?", fragte Malu.

„Du hast recht, jetzt haben wir eine ganze Nacht zusammen verbracht, so schnell verging die Zeit und wir haben es nicht mal gemerkt", sagte Sophia.

„Das kommt, weil du echt tolle Geschichten erzählen kannst, Sophia. Ich würde vorschlagen, dass wir die letzte Stunde, bevor der Mond sich schlafen legt, zusammen schweigen und der Sonne entgegen schauen."

Malu, Mirko und Sophia kuschelten sich aneinander und schauten dabei zu, wie das Mondlicht verblasste und die Sonne langsam aufstand. Sie waren Freunde, dick zusammengeschweißt, und jeder fühlte den anderen und konnte spüren, was der andere fühlte. Freunde für alle Zeiten im Herzen, in der Seele und im Miteinander. Als die Sonne immer mehr Strahlen in den Himmel warf, gingen sie schlafen und alle träumten sie denselben Traum, den Traum von der wahren Freundschaft.

## Verlorene Erinnerungen

Heute Abend ließ sich der Mond nicht blicken und auch die Sonne sank hinter Wolken herab. Leichter Sprühregen ließ den Wald nebelig erscheinen. Er lag im Dunst der Feuchtigkeit. Auch über dem See im Wald hing Nebel. Es herrschte Stille, doch vereinzelt hörte man das Rütteln der Bäume, wenn sie sich die Regentropfen abschüttelten. Der Duft des Waldes war besonders stark bei diesem Regen und jede Pflanze ließ ihren betörenden Geschmack in die Natur wehen. Der Duft des Regens in der Fauna hinterließ einen phänomenalen Eindruck.

Als Malu erwachte und rausflog, bewunderte er erst einmal Mirkos Netze. Er war besonders fleißig am Tag. Denn er liebte dieses Glitzern der Regentropfen, wenn sie auf seinen Netzen lagen. Mirko rief Malu hinterher. „Huhu, siehst du, wie viele Netze glitzern, es ist soooo schööön, wie Diamanten."

Malu drehte sich im Flug um. „Mirko, perfekt, genieße es, **der Augenblick zählt, das macht die Freude aus, die kleinen vergänglichen Dinge**. Erfreue dich daran."

Malu hatte es heute etwas eiliger, so war er doch mit Sophia verabredet, denn sie wollten heute wieder mal zusammen auf Reisen gehen. Er flog zur großen Eiche und hängte sich an einen der starken Äste. Er baumelte Kopfüber hin und her. Er war heute besonders fröhlich. Er liebte diese Nächte mit Regen, denn sie gaben der Natur Nahrung und das war Energie, die wichtig ist für Tiere und Landschaft. Er liebte diesen Duft des Regens und wie sich die Tropfen in seinen Flügeln verfingen. Menno, dachte er, wo bleibt Sophia?

„Hey, du Schiffschaukel.“ Sophia schrie ihn an und Malu erschrak so sehr, dass er abstürzte. Im Fallen fing er sich wieder und flatterte empor.

„Mensch, Sophia, was erschreckst du mich so, ich habe fast einen Herzinfarkt bekommen.“

Sophia feixte. „Ich beobachte dein Schwingen schon zehn Minuten und du hast mich nicht wahrgenommen, sicher hast du wieder gedacht, ich komme zu spät.“

Nun lachte Malu auch, „Du hast recht, ich habe mich gerade am Regen erfreut und gedacht, wann kommt wohl endlich Sophia? Du kennst mich wirklich gut.“

Sophia flog empor. „Jetzt lass uns losfliegen, was meinst du, wollen wir heute zu dem kleinen Häuschen am See fliegen? Soviel ich gehört habe, ist der alte Zacharias wieder zurück. Er war so lange weg, dass schon viele ihn vermisst haben. Mal sehen, ob er da ist und sich freut, wenn wir vorbeikommen.“

Malu lächelte. „Genau, ich mag ihn, er ist immer nett zu allen Tieren und er schätzt auch die Natur. Lass uns sehen, vielleicht hat er neue Geschichten für uns. Was meinst du wohl, warum er so lange fort war?“

„Tja, Malu, fragen wir ihn einfach, nun komm, flieg mal einen Zahn schneller, es ist ein weiterer Weg dahin.“

Sie flogen immer weiter, zwischen großen Bäumen hindurch über Felder und Wiesen, bis hin zum entfernten Wald, in dessen Mitte die kleine Seelichtung lag mit dem kleinen Häuschen. Zacharias wohnte schon lange in der Natur, er mochte die laute Welt nicht mehr. So zog er sich vor Jahren in den Wald zurück. Hin und wieder holten ihn seine Kinder für einige Tage zu sich. Doch nie lange, dann war er wieder da. Er hat für jeden ein offenes Ohr und er konnte super Geschichten erzählen, denn er war schon über 80 Jahre alt.

Als sie näher flogen, sahen sie schon Zacharias auf seiner Terrasse im Schaukelstuhl sitzen. Malu und Sophia erreichten das Häuschen und ließen sich auf den Balken nieder, der die Terrasse umrandete. „Hallo Zacharias, schön, dass du wieder hier bist.“

Zacharias schaute beide an und lächelte. „Was seid ihr für wundervolle Geschöpfe?“, fragte er.

Malu schaute ganz entsetzt. „Hey, du kennst uns doch, ich bin Malu, die Fledermaus, und das neben mir Sophia, die Eule. So lange warst du gar nicht weg, dass du uns vergessen hast. Also, ich finde den Witz nicht schön.“

Zacharias schaute beide angestrengt an. Die Fliegengittertür ging auf und eine ältere Dame kam heraus. „Oh, wer seid ihr denn, ich bin Lynn, ich bin seine Pflegerin und Freundin, ich werde nun mit ihm hier wohnen. Seine Kinder wollten ihn in ein Pflegeheim schicken, doch ich kenne Zacharias schon lange und wusste, dass er dort zugrunde geht, deshalb habe ich mich bereit erklärt, mit ihm hier einzuziehen. Ich kenne ihn schon mein Leben lang und ich teile seine Liebe zur Natur.“

Sophia schaute auf. „Pflegerin, warum braucht Zacharias eine Pflegerin?“

„Tja, Zacharias hat Alzheimer, er hat seine Erinnerungen verloren und erinnert sich nicht mehr, wer oder was er war und somit auch nicht an euch.“

Malu grummelte. „So ein Blödsinn, man kann Erinnerungen nicht verlieren, wenn man sie einmal hat, und Zacharias hat uns viele Geschichten erzählt. Er hatte ein sehr gutes Gedächtnis und in allen Erlebnissen, die er hatte, war er mit Herz und Seele dabei – die kann er nicht verloren haben.“

Lynn schüttelte traurig den Kopf. „Doch, das kann er und hat er, das ist die Krankheit.“

Malu flatterte zu der Strebe über dem Geländer, hängte sich kopfüber und pendelte hin und her. „Hey, dich kenn ich, du bist Malu. Warum warst du mich so lange nicht besuchen und wo ist Sophia?“ Zacharias sprach plötzlich mit viel Freude in der Stimme.

Sophia flatterte sogleich auf seine Beine. „Hey Zacharias, du kennst uns?“

„Als würde man euch vergessen können, ihr seid doch meine Freunde.“ Zacharias tat ganz entsetzt.

Lynn hatte Tränen in den Augen. „Wow, er erkennt euch, wie schön.“

Sophia schaute alle an. „So, wie ich das gesehen habe, hat sich Zacharias erinnert, als du, Malu, mit deinem nervigen Schaukeln angefangen hast, also bedarf es eines Auslösers, dass er sich erinnert.“

Lynn lachte auf. „Genau so sehe ich das auch. Es wäre so schön, wenn er sich wieder an etwas erinnern würde, damit er daraus etwas Kraft und Hoffnung ziehen kann. Es ist doch kein Leben, so vor sich her zu starren.“

Malu grinste. „Also, wir brauchen eine Geschichte. Er hat uns so viele erzählt und ich weiß, dass er immer mit ganzen Herz und Seele dabei war und das Erlebte mit dem erzählen noch mal erlebte.“

Sophia überlegte. „Hat er uns nicht viele Male die Geschichte von seiner Reise nach Oz erzählt, er verfiel dann immer wie in einen Traum und er zog soviel Energie aus dieser Erinnerung.“

Lynn schmunzelte. „Ja, die Geschichte kenne ich, ich liebte diese Erinnerungen. Doch wie finden wir den Auslöser, dass er sich daran erinnert?“

Sophia stupste Zacharias an. „Kannst du uns die Geschichte von Oz erzählen?“

„Oz, was soll das sein, so eine Geschichte kenn ich nicht.“ Zacharias schaute etwas verstört.

„So geht das nicht“, sagte Malu. „Lass mich mal überlegen.“ Er baumelte wieder, dann flatterte er auf und flog los. Nach ein paar Metern flog er zurück und rief: „Bin gleich wieder da, ich hab‘s ...“ Und fort war er. Malu flog geschwind durch den Wald und rief ganz laut: „Lisaaaa wo bist du, ich brauche deine Hilfe!“

Es dauerte nicht lange und ein Falke flog herbei. „Was ist los, Malu, wie kann ich dir helfen?“

„Du musst schnell zu Georg fliegen, auf seiner Terrasse steht ein Eukalyptus, bring bitte einen Zweig ganz flink zur Hütte von Zacharias. Ich erkläre dir später, warum, nur beeile dich.“ Malu flog wieder zurück und Lisa, der Falke, machte sich auf den Weg zu Georg. Lynn schaute ihm gespannt entgegen. „Warum bist du so schnell weg gewesen?“

„Wartet es ab, ich habe Lisa was holen geschickt, sie wird gleich bei uns sein und dann wird sich Zacharias auch an Oz erinnern.“

Gespannt warteten alle ab. Plötzlich landete Lisa auf dem Geländer, in ihrem Schnabel hatte sie einen Zweig. „Hier, Malu und nun sag mir, wofür du ihn brauchst.“

„Ach, Lisa, Zacharias hat seine Erinnerungen verloren und wir brauchen einen Auslöser, dass er sich wieder erinnert.“

Lisa schaute ganz entsetzt. „Das gibt's nicht, Erinnerungen gehen nicht verloren, doch ich begreife, Oz, ihr wollt ihn an Oz erinnern. Das war sein Krafterlebnis."

Lynn lachte. „Genau das war die Idee von Malu und Sophia und ich hoffe sehr, dass ihr recht habt und es klappt."

Sophia schnappte sich den Zweig und schob ihn unter Zacharias' Nase, dieser nieste und lachte. „Hey, das kitzelt, was machst du nur?"

Malu schaute enttäuscht. „Menno, das klappt nicht."

Lisa schnappte wieder den Zweig und legte ihn auf die Terrasse, dann hüpfte sie darauf herum.

„Hey, mach ihn nicht kaputt", jammerte Malu.

Lisa seufzte. „Schau und schnüffel mal, jetzt kommt erst der Duft des Eukalyptus zutage und jetzt versuchen wir es noch mal."

Lynn nahm den Zweig entgegen. „Zacharias, schließe mal die Augen und sage mir, was du für einen Duft wahrnimmst." Sie hielt ihm den Zweig entgegen und Zacharias nahm ihn, schloss die Augen und schnüffelte daran. Dann rieb er ihn zwischen den Fingern. Alle schauten gebannt zu. Zacharias öffnete die Augen. „Mein Oz, was war das damals schön. Soll ich euch die Geschichte meiner Reise nach Oz erzählen?" Er schaute einmal in die Runde.

Alle staunten sie und alle riefen wie aus einem Mund: „Jaaaaaaaa."

Zacharias lehnte sich zurück und fing zu erzählen an. „Es war vor langer Zeit, schon immer schwärmte ich davon und es war ein Traum von mir, einmal Oz zu sehen. Ich kaufte mir viele Bücher und studierte sie. Damals hatte ich noch Verwandtschaft in diesem Land und eigentlich sollte es kein Problem sein, sie zu besuchen. Dann, eines Nachts, es war eine dieser verwunschenen Nächte, wurde der

Wunsch in mir übermächtig, zu der Insel zu reisen, die man auch den fünften Kontinent nannte. In meinen Gedanken erschienen Bilder von einer Welt, die Ruhe und Geborgenheit versprachen. Ich wurde wie besessen von dem Drang, endlich dorthin zu kommen. Geheimnisvolle Stimmen riefen mir zu: Hab Mut, mach dich auf den Weg, lass dich nicht davon abhalten, dir deinen Traum zu erfüllen. Diesen Stimmen hab ich dieses Erlebnis zu verdanken und ich weiß, als ich mich auf die Reise machte, waren sie bei mir.“ Zacharias legte eine Pause ein. Er war tief in Gedanken versunken. Lynn flitzte rein und holte Getränke für alle. Als sie wieder auf Ihren Stuhl saß, erzählte Zacharias weiter. „Das Flugzeug setzte sich in Bewegung, immer schneller und dann hob es vom Boden ab. Gleichzeitig überkam mich ein Gefühl von Freiheit. Tränen traten mir in die Augen und ich war frei, frei in meiner Seele. 13 Stunden bis Bangkok, die ich in Gedanken verbrachte. Viele Dinge schwirrten mir im Kopf herum und noch kam mir alles unwirklich vor. Nach kurzem Aufenthalt und Weiterflug landeten wir nach zwei Stunden in Singapur. Von dort ging es auf die Zielgerade. Nach weiteren 12 Stunden landete das Flugzeug mit mir in Melbourne im Staate Victoria. In den letzen Stunden des Fluges informierte ich mich noch etwas genauer über das Land, in das ich nun reiste. So wusste ich bei meiner Ankunft auch, dass Australien, das von seinen Anwohnern liebevoll Oz genannt wurde, mit 7.631.668 Quadratkilometern die größte Insel der Welt ist. Sie besitzt drei Zeitzonen und hat neben Wüste, Meer, Berge und Buschland noch Gegenden, die noch kein Mensch bisher betreten hat. Ich war schwer beeindruckt.“ Wieder machte Zacharias eine Pause, trank etwas und atmete tief durch. „Wisst ihr, als ich dann dort in der Flughalle saß und auf meine Verwandtschaft wartete, überkam mich wieder dieses Gefühl von Freiheit. Ich versuche euch einmal diese Empfindungen zu beschreiben. Man hat Herzrasen, möchte lachen und weinen zugleich, man hat das Bedürfnis, es laut herauszuschreien, und es ist, als schwebe man über dem Boden und hat doch Erde unter den Füßen. Meine Verwandtschaft kam und wir brachen mit dem Auto auf in das 200 Kilometer entfernte Morwell. Wir bogen nach langer Fahrt in eine Schotterstraße ab und dann lag sie vor mir, die Farm oder Ranch, wie auch immer man sie nannte. Sie war für mich wunderschön. Einfach, auf den ersten Blick etwas wüst, jedoch strahlte sie Ruhe aus und das war genau das, was ich suchte. Obwohl ich total müde war von der langen Reise musste ich mir erst einmal alles anschauen. Die Kälber begrüßen, den Duft der Natur einatmen. Als ich mich dann endlich hinlegte, umschloss mich eine Stille. Mein Herz war glücklich und das erste Mal seit langer Zeit fühlte ich mich geborgen. Mit einem Lächeln auf den Lippen schlief ich ein." Zacharias atmete tief ein, es war fast so, als würde er wieder dort sein und das Erzählte gerade erleben.

Lisa seufzte auf. „Wie schön, ich kann es richtig fühlen, wie er das im Herzen erlebt hat. Diese Geborgenheit ..."

Zacharias schaute alle an. „Geweckt wurde ich vom Schlagen der Milch und ich lernte, dass man mit Wasser kostbar umgehen musste, denn beim Duschen musste ich mich in eine Wanne stellen. Das Wasser wurde aufgefangen und zum Gießen benutzt. Die Ranch hatte keinen Anschluss an die Wasserleitung, nur Wassertanks. Daraus wurde das Wasser aufbereitet. Wasser war dort so wertvoll wie Gold. Als ich fit war, ging ich mit, die Kälber füttern, und ich bestaunte die vielen Vögel, die hier herumschwirr-

ten und sangen. Danach fuhr ich mit meiner Verwandtschaft in die nächste Stadt. Die Menschen waren sehr freundlich, die Geschäfte extrem sauber und die Obsttheken sahen aus, als läge Plastikobst darauf. Danach ging es wieder zurück zur Ranch. Das Tal, in dem die Ranch lag, wurde Gipsland genannt. Zu Victoria selbst, es ist der südlichste Teil von Australien und flächenmäßig zwei Drittel der BRD und der überwiegende Teil ist Buschland und Weidefläche. Eigentlich ist es nur ein nadelkopfgroßes Stück von Oz. Am Nachmittag zeigte mir mein Onkel, wie man einen klapprigen, alten Ranch Rover fährt, mit Linksschaltung. Als wir die Grenze zwischen Weideland und Buschland überquerten, blieb für mich die Zeit stehen."
Zacharias nahm den Zweig und sog ganz tief den Duft ein. „Der Duft der Eukalyptusbäume hüllte mich ein. Es ist wie eine Droge, man kann nicht genug davon bekommen, wenn man ihn einmal in der Nase hat. So wurde auch ich süchtig danach, süchtig nach mehr und meine Erinnerungen an die Zeit, bevor ich dieses Land betrat, rückten weit ins Vergessen. Gefühle zu beschreiben ist nicht einfach, denn oft gibt es auch gar keine Worte dafür, um eine Empfindung, die man hat, zu umschreiben. Es gab eine Zeit, da glaubte ich nicht an die Magie, die einen umgibt. Ich wusste nicht, wie es ist, dieses Gefühl, das man Freiheit nennt. Nun hatte mich genau diese Magie umgeben. In meinem Inneren wusste ich, dass es sie gibt. In vielen Stunden war es mein sehnlichster Wunsch, sie einmal zu erleben, und nun hatte ich sie gefunden. Glaubt mir, heute bin ich glücklich darüber, dass ich den Mut gefunden habe, auf diese Stimmen zu hören, und diese Reise angetreten bin. Jeder Tag hatte sein eigenes Leben. Sie zeigten mir eine Goldgräberstadt mitten im Buschland. Es wuchsen riesige Farne, die aussahen wie

Palmen, am Straßenrand. Die gigantischen Eukalyptusbäume und die ganze Natur war megaschön. Wir fuhren am Rawson-Mondara-Damm vorbei. Dieser ist 70 Kilometer lang und stellenweise 3 Kilometer breit. Man konnte 200 Kilometer rundherum durch das Buschland fahren, ohne einmal herauszukommen. Alles war gigantisch." Zacharias machte wieder eine Pause.

Malu fragte: „Kannst du uns von deinem Ausflug in den Busch erzählen?"

Zacharias schaute verträumt. „Ja, das war das beste Erlebnis, was ich je hatte." Er machte wieder eine Pause und die Freunde dachten schon, er wäre eingeschlafen, als er weiter erzählte. „Tagelang war es am regnen und es gab keine Chance, dass wir eine kleine Safari machen konnten. Doch das war mein größter Wunsch. Dann kam der Tag, wo der Regen aufhörte. Es war noch dunkel, als wir den Rover beluden. Zuerst ging es zwischen den Weiden hindurch und dann kam der Busch. Wieder überkam mich dieses Gefühl der Freiheit. Wir tauchten ein in eine andere Welt. Die Straßen wurden immer enger und holpriger. Dann kam ein Fluss und es ging mittendurch. Es war fantastisch. Wir machten Pause … und …" Zacharias stoppte und kräuselte die Stirn, er überlegte.

Malu hörte hinter sich etwas rascheln und drehte sich um. Da sah er, dass Hope, die Füchsin mit ihren zwei Kindern, Basma, der Specht, viele Glühwürmchen und viele andere Tiere sich versammelt hatten und zuhörten.

„Hallo, schön, dass ihr auch hier seid."

Basma flog näher. „Schau, was ich mitgebracht habe, naja, ich habe gehört, was los ist, und habe mir gedacht, ich bring auch etwas zum Erinnern mit." Basma legte eine Orchidee in Lynns Hände.

„Oh, wie schön, danke dir“, sagte Lynn.

Alle schauten Zacharias an, dieser drehte den Eukalyptuszweig in seinen Händen und schaute ihn ganz verloren an.

Sophia sagte: „Erzähl weiter wir wollen alle deine Geschichte zu Ende hören.“

Zacharias schaute verwundert. „Geschichte? Was für eine Geschichte?“

Alle schauten ihn entsetzt an. Lynn nahm ihm den Zweig aus den Händen und legte die Orchidee hinein. Lange schaute Zacharias auf die Blume. Plötzlich lächelte er. „Überall blühten Blumen, Orchideen, Callas, Farne und der ganze Wald war von Vogelgesang durchwebt. Der Duft der Eukalyptusbäume hüllte mich ein. Ich schloss die Augen und atmete tief durch. Ich merkte in mir, dass es mir eine enorme Kraft gab, die sich festsetzte für mein weiteres Leben. Je tiefer und höher wir in den Busch fuhren desto mehr veränderte sich die Natur. Hatten wir weiter unten Blumen, Farne und Orchideen, so wuchsen hier ganz andere Gewächse. Dann kamen wir zu einer kleinen Lichtung. Mein Onkel führte mich zu seiner Jagdhütte mitten im Busch. Er war ein Mensch der Wildnis, das wurde mir in diesem Moment klar. Ich fühlte das gleiche wie er. Wir verstanden uns ohne Worte und tauchten in die unberührte Natur ein. Wir saßen sehr lange dort beisammen. Man schweigt und genießt und es ist so ein tiefes Gefühl von Freiheit in mir gewesen, dass ich fast Angst hatte, wieder ins wirkliche Leben zurück zu müssen. Ich denke dort in diesem Augenblick habe ich meinen Platz gefunden. Wenn ich wie jetzt die Augen schließe und ganz fest daran zurückdenke, dann spüre ich die Macht dieser fantastischen Natur. Einer Welt, die noch unberührt und voller Entdeckungen ist. Dies war meine schönste Zeit, ich war so eng mit dieser Natur und diesem Duft verbunden, als hätte mich diese Flora und Fauna in ihr Herz geschlossen. Dieses Erlebnis werde ich nie vergessen. Egal, was kommt, es ist ganz tief in mir verwurzelt." Zacharias schaute alle an. „Wisst ihr, meine Freunde, es gibt Dinge im Leben, die kann man nicht vergessen, und das sind Erinnerungen. Auf dieser Reise habe ich mich selbst gefunden. Ich hatte bis jetzt ein sehr ereignisreiches Leben und doch schöpfe ich immer noch Kraft aus diesem Erlebnis, Kraft aus dieser Erinnerung. Sie darf nie verloren gehen, deswegen teile ich sie gerne mit euch, mit meinen Freunden." Zacharias lachte laut auf. „Ich möchte euch um etwas bitten. Sollte ich je in die Situation kommen, dass ich meine Erinnerungen nicht mehr finden kann, seid so nett und helft mir, sie wiederzufinden, deshalb teile ich sie mit euch. Es wäre für mich das Schlimmste, was es geben könnte, wenn ich mich nicht mehr erinnern würde." Er schaute in die Runde.

Lynn hatte Tränen in den Augen und auch Sophia wischte verstohlen eine Träne weg. Malu pendelte wieder mal. „Zacharias, wie solltest du deine Erinnerungen verlieren?", lachte er. „Schon dein Namen bedeutet Erinnerung. Solltest du doch mal welche nicht finden können, kannst du auf uns zählen, wir finden sie für dich wieder."

Langsam verabschiedeten sich die Tiere des Waldes und begaben sich auf ihren Heimweg. Sie waren erfreut und zugleich traurig, doch sie wussten auch, dass Zacharias sie nie vergessen würde, genau wie seine Geschichten, denn sie waren Teil seiner Seele.

Lynn stand auf. „Komm, Zacharias, du musst dich nun schlafen legen, und morgen Abend erzählst du von einem weiteren Abenteuer."

Zacharias schaute Lynn an. „Mein kleiner Wasserfall, du bringst mich ins Bett, darauf habe ich ein langes Leben gewartet. Doch was für Abenteuer soll ich morgen erzählen?“

Lynn lachte und Malu schaute sie fragend an. „Weißt du, Malu, er erinnert sich daran, dass er mich, als wir Kinder waren, immer kleiner Wasserfall genannt hat, denn das ist die Bedeutung meines Namens, doch an Geschichten erinnert er sich im Augenblick nicht. Doch das ist das schönste Geschenk, was er mir machen konnte.“

Sophia spannte ihre Flügel. „Genau, die kleinen Momente im Leben zählen, sie machen es aus, so wie diese Erinnerung gerade. Daran müssen wir festhalten. **Erinnerungen gehen nicht verloren, nie, sie verstecken sich nur und es liegt an uns, diese Erinnerungen wieder nach vorne zu bringen**. Denn das ist einer der Gründe, warum er sie uns erzählt hat, also machen wir das.“

Malu flatterte zu Sophia. „Komm, wir fliegen zu Mirko, denn heute haben wir viel zu erzählen. Lynn pass gut auf Zacharias auf, wir kommen wieder.“

Zacharias stand aus seinen Schaukelstuhl auf. „ Macht‘s gut, meine Freunde, und lasst euch bald mal wieder sehen, dass ich euch einer meiner Abenteuer erzählen kann.“ Er winkte ihnen zu, ergriff Lynns Hand und ging ins Haus. Malu und Sophia lachten, schwangen sich in die Lüfte und flatterten zu Mirko. „Nächstes Mal bringen wir Mirko mit und auch dann werden wir einen Weg finden, Zacharias eine seiner Geschichten zu entlocken.

Man glaubt oft, Erinnerungen gehen verloren und geraten in Vergessenheit, doch so ist es nicht, oftmals hilft eine kleine Geste, ein Wort oder ein besonderer Duft oder Klang, um sie tief aus unserem Inneren wieder an vorderster Stelle zu schieben. Mit diesen letzten Gedanken empfingen beide den Tag an ihrem Schlafplatz.

## Kimawandel

Den ganzen Tag stand die Sonne glutrot am Himmel. Die Temperatur, die sie abgab, war grausam für Tiere und Natur. Als Malu erwachte, war es immer noch sehr heiß, obwohl die Schatten der angehenden Nacht normalerweise Frische brachten. Was war da los, so schlimm war es noch nie. Er flog mal ganz tief über den See, damit er seine Flügel benetzen konnte. Die letzten Strahlen der Abendsonne brannten auf seinem Körper. Er flog in die Schatten der Bäume. Es herrschte eine gespenstische Stille. Der Abendgesang fehlte, stellte er fest. Was war da bloß los?, fragte er sich. Schnell flog er zurück zur Höhle.

„Mirkoooo, was ist hier los, überall gespenstige Stille und diese Hitze, das ist nicht normal.“

Mirko seilte sich ab. „Komm, Malu, lass uns tiefer in den Berg gehen, dort ist es angenehmer, Sophia ist auch gerade rein geflogen.“

Beide machten sie sich auf den Weg, durch viele Höhlengänge, tiefer in den Berg. Sophia wartete in der Kristallhöhle auf die beiden. Hier floss auch der unterirdische Fluss entlang. „Guten Abend“, grüßte Sophia.

Malu hängte sich an den Fels und baumelte mit offenen Flügeln hin und her. „N‘Abend, mir ist so heiß, ich glaube, ich dampfe. Sag mal, weißt du, was seit gestern Nacht draußen passiert ist? Es ist wie ausgestorben, keiner ist zu hören und auf meinem Futterflug sah ich niemanden, nicht einmal die Bäume raschelten im Wind.“

Mirko ließ sich an seinen Faden ab, krabbelte näher zum Fluss und starrte ins Wasser. „Das ist das, was die Menschen Klimawandel nennen, das Schicksal schlägt grausam zu. Das, was sie selbst vorausgesagt haben, trifft zu. Die

Erdregionen verschieben sich und somit wird es immer heißer. Das, was hier gerade passiert, nennen sie Sahara-Hitze. Doof ist nur, sie wissen seit Jahren, was passiert und schicken immer weiter Gifte in die Luft. Doch ich will mich nicht darüber ärgern, denn das hilft uns nicht weiter."

Sophia nickte. „Du hast recht, wichtig ist doch nun die Frage, was können wir tun, um die Sahara-Hitze zu überstehen und vor allem, dass unsere Natur nicht verbrennt?"

Malu starrte wie Mirko in den unterirdischen Fluss. „Sagt mal, sehe ich das nur so oder fehlt hier Wasser? Irgendwie kommt mir der Fluss anders vor."

Sophia flatterte näher. „Malu du hast recht, es ist nur noch ein trauriges Rinnsal übrig. Das ist nicht gut, gar nicht gut, wirklich nicht gut." Sophia schüttelte den Kopf. „Wir müssen dringend zum oberen und unteren See fliegen. Irgendetwas stimmt hier nicht."

Malu stieß sich ab und flatterte Sophia hinterher, die Gänge entlang und raus in die Nacht. Die Sonne war derweil untergegangen, der Mond stand am Himmel, doch die Luft war immer noch sehr heiß. Sie flogen rauf zum oberen See, dort, wo auch Orenda, die Schamanin, ihr Zuhause hatte. Als sie ankamen, stand Orenda am Ufer des oberen Sees, der eher einer Pfütze glich, ihren Stab in der Hand. Malu und Sophia flogen um sie herum und suchten sich einen Platz neben ihr. Orenda schaute beide an. „Es ist so weit, nichts kann es aufhalten. Geht zu Imani, dem Bussard. Ich sah ihn in meinen Träumen; wenn es eine Lösung gibt, dann wird er sie finden."

Sophia und Malu machten sich wieder auf den Weg und flogen zur großen Buche, am Ufer des unteren Sees. Dort war das Zuhause von Imani. „Sag mal, Sophia, wie soll uns Imani helfen und vor allen bei was?"

„Malu, das sehen wir, wenn wir da sind, es ist unheimlich, durch diesen Wald zu fliegen, der immer voller Lieder war und nun schweigt. Lass uns beeilen.“

Geschwind peilten sie die Buche an und suchten sich einen Platz auf den Ästen die über den See ragten. Wunderschön und im Gleichklang mit der Thermik der Luft schwebte Imani, der Bussard, herbei. „Hallo, Orenda hat mir schon gesagt, dass ihr kommt. Nichts bleibt, wie es ist, alles verändert sich. Ich bin Wächter, Späher und Bote zugleich. Was hier passiert, ist eine enorme Veränderung, die sich nicht aufhalten lässt.“

Malu unterbrach Imani. „Die doofen Menschen …“

Imani hob den Flügel. „Stopp, Malu, es ist egal, wer daran Schuld ist. Einen Schuldigen zu suchen und zu verurteilen wird uns nicht helfen, im Gegenteil, es nimmt uns die Zeit für die wirklich wichtigen Dinge, die nun anstehen. Schließt eure Augen und schaut durch mich, nur so werdet ihr verstehen.“

Beide schlossen sie die Augen. Imani flog in Gedanken mit ihnen durch den Wald. Überall fielen Blätter zu Boden oder hingen eingekringelt an den Bäumen. Büsche waren schon teilweise blätterlos. Unten am Waldboden schlichen ein paar Nager rum, sie sahen ausgezehrt aus. Als sie die Wiesen am Waldrand erreichten, sahen sie nur graue Flächen, hängende, vertrocknete Blumen. Kein Halm stand mehr im frischen Grün. Sie flogen zum kleinen Bach, doch der Bach war eingetrocknet, es gab keinen Hinweis auf Wasser mehr. Einfach nur trostlos. Dann ging es zurück zum See. Auch dort fehlte schon eine Menge Wasser. Die Tiere des Waldes hatten sich dort versammelt. Malu öffnete wieder die Augen. „Es ist so erschreckend und das nur, weil es zu heiß ist und nicht richtig regnet. Können wir nicht einfach regen machen? Kann nicht Orenda mit ihrer Magie etwas erreichen? Wenn das hier so weitergeht mit dieser Sahara-Hitze dann gibt es wirklich ein großes Problem."

Imani streckte die Flügel. „Das Problem ist schon da und die Veränderung hat begonnen. Nun ist es wichtig, durch Achtsamkeit und Wachsamkeit vorwärts zu schauen. Zurückzublicken, was mal war, bringt uns nicht weiter. Den Blick nach vorne richten, Maßnahmen ergreifen, den Schwächeren unterstützen und nie das Ziel aus den Augen verlieren. Ich spähe mal aus, was schon passiert." Imani flog auf und verschwand.

Sophia flatterte zu den Tieren hinunter, die sich am See aufhielten. „So, jammern nützt uns nichts, lasst uns überlegen was zu tun ist."

Alle schauten sie Sophia an. Hope, die Füchsin trat vor. „Was sollen wir tun können?"

Malu schnaubte. „Ganz einfach, wir retten unsere Natur und unsere Freunde. Wir kennen so viele Menschen, die zu uns halten. Nimm Zacharias und Lynn, bei ihnen waren wir gestern oder der alte Georg, die kleine Marion und Aylin und Jaro. Lasst sie uns suchen und sie fragen, ob sie uns helfen können."

Plötzlich platschte es im Wasser und es rollte ein dicker Waschbär das Ufer hinab ins kühle Nass. Er platschte auf, schaute entsetzt, dass er nicht unterging, und starrte alle an. „Hey, wo ist das Wasser hin, normalerweise gehe ich hier immer unter, wenn ich Wasserbombe spiele."

Sophia schüttelte den Kopf. „Sag mal, hast du noch nicht gemerkt, was hier los ist? Du spielst hier Wasserbombe?"

Der Waschbär lachte alle an. „Hallo alle miteinander, ich bin Wisal. Ich sehe, was hier passiert, doch wenn ich mich jetzt verkrieche und den Kopf in den Sand stecke, ist auch niemandem geholfen. Egal, wie schwer eine Situation ist, mit etwas Fröhlichkeit geht es gleich leichter. Weißt du, Sophia, **betrachte immer die helle Seite der Dinge und wenn sie keine hat, dann reibe die Dunkle, bis sie glänzt.**"

Irgendwie schmunzelten nun alle über diesen lustigen Gesellen, er ließ sich einfach nicht aus der Ruhe bringen, obwohl er den Ernst der Lage wohl erkannt hatte.

Wisal planschte im Wasser. „Ich finde, das Wichtigste ist Wasser zu besorgen. Wasser ist sooooo schöööönnnn", schwärmte er.

Malu überlegte. „Lasst uns einfach zu der Dorfsiedlung wandern. Wenn die Menschen unsere Not sehen, vielleicht bedarf es nichts weiter als in Erinnerung zu rufen, dass es uns gibt. Ich glaube fest daran, dass sie uns helfen werden und auch unserem Wald."

Wisal brummelte wieder. „Die Menschen finden mich nervig, weil ich immer alles durchwühle, was sie liegen lassen. Ich denke, dass sie mich gerne verdursten lassen. Doch wisst ihr was? Viele haben sich jetzt so Pools in den Garten gestellt, da ist viel Wasser drin. Vielleicht können wir einen Pool in den Wald schaffen, dann haben wir wieder Wasser."

Malu lachte. „Du bist lustig, wie sollen wir das machen? Doch die Idee ist nicht schlecht. Wenn der See ganz austrocknet, haben wir wirklich große Probleme."

Hope überlegte. „Ich habe mal gehört, dass in der Sahara auch Tiere leben, und dort gibt es kaum Wasser."

Sophia schaute in die Runde. „Das stimmt, doch sind diese Tiere von ihren Wesen her so geschaffen, dass sie mit dieser Situation umgehen können. Wir sind ganz anders.

Auch gibt es in der Sahara keine grünen Bäume und Sträucher wie bei uns. Naja, es gibt Oasen mit Wasser und Grün, jedoch nicht viele."

Imani rauschte durch die Bäume daher. „Hey, Leute, wisst ihr, was ich gerade gesehen habe, als ich übers Dorf geflogen bin?" Er setzte sich auf einen Ast und schaute alle an. Dann sah er Wisal. „Hallo Wisal, na, du Komiker, wolltest du wieder Wasserbombe spielen? Was sitzt du da im seichten Nass?"

Wisal grinste. „Imani, sehr witzig, ich versuche es mit Trockenschwimmen und Schlammpackungen, bis das Wasser wieder da ist."

Imani schmunzelte. „Also, ich habe gesehen, dass unsere menschlichen Freunde Wasser in Eimern in den Wald bringen und im Dorf werden die Bäume von der Feuerwehr gewässert. Also, ihr seht selbst, der Mensch hat erkannt, dass die Natur in Not ist."

Malu wischte sich mit dem Flügel den Schweiß ab. „Immerhin ein Anfang, doch wie sollen sie den Wald bewässern, es ist alles so trocken, das schaffen nicht mal die Menschen."

Sophia lächelte in sich hinein. „Wisst ihr, jeder Baum und jeder Strauch hat Reserven, sie sind alle stark und tapfer, sie werden es schaffen, bis wieder Regen fällt. Wir müssen nur fest daran glauben. Wichtig ist, dass wir alle hier auch überleben und dazu ist Wasser wichtig. Das Wasser, was uns unsere menschlichen Freunde bringen, ist eine große Hilfe, auch wenn hier noch der See ist. Denn nicht alle Tiere schaffen den Weg hierher."

Imani nickte mit dem Kopf. „Wir werden alle darüber informieren, wo diese Wasserstellen sind. Wir müssen uns anpassen an dieses neue Klima. Es bringt nichts, über das

Warum und Wieso zu reden, wichtig ist das Hier und Jetzt. Malu, in eurer Höhle ist sicher noch Platz, wo der eine oder andere sich tagsüber, wenn die Hitze am Größten ist, verkriechen kann. Gebt denen Schutz, die Schutz brauchen. Achtet untereinander auf Anzeichen, dass jeder reagieren kann. Wenn es jemandem nicht gut geht, schließt nicht die Augen, helft denen, die Hilfe benötigen. Seid füreinander da, noch enger als bisher."

„Das werden wir machen, ich sage Mirko bescheid, er kann das organisieren."

Wisal spritzte mit Wasser. „Also, seht es mal von der anderen Seite, es ist zwar sehr heiß, doch das Wasser ist wirklich frisch. Ich finde das Leben schön, so, wie es ist. Man muss sich eben anpassen. Wichtig ist, dass man seinen Humor nicht verliert." Es platschte und spritzte neben ihm und die zwei Fuchskinder gesellten sich ins Wasser.

„Genau, warum sollen wir traurig sein über etwas, was wir Tiere sowieso nicht ändern können? Vertrauen wir doch einfach darauf, dass der Mensch uns und unserem Lebensraum hilft, und genießen das Leben, das wir haben", sagte Liam.

„Ja, komm, lass uns Wasserbombe spielen", jauchzte Adia. Alle lachten über die Ausgelassenheit der Kinder. „Komm, Malu, kühlen wir uns auch ab und du, Imani, halte uns auf dem Laufenden, sag, wenn wir noch etwas tun können."

Imani schaute alle an. „Singt, tanzt, lacht, Wisal hat recht, wir reiben die dunklen Dinge, bis sie glänzen."

Malu und Sophia flogen zu ihrer großen Eiche in den Wald. Dort machten sie Pause. „Weißt du, Sophia, es ist schön, hier zu leben, wo alle zusammenhalten und es noch

Menschen gibt, die wissen, dass es uns gibt, die eben noch Magie im Herzen haben."

Sophia sagte euphorisch. „Malu, das Leben ist schön mit Freunden an der Seite."

Lange saßen sie schweigend zusammen, sie verstanden sich auch ohne Worte.

## Alles Dunkle hat eine helle Seite

Heute war wieder ein sehr heißer Tag, doch als Malu ausflog, merkte er, dass sich etwas verändert hatte. Gestern Abend war diese beängstigende Stille und heute Abend trällerten die Vögel ihr Abendlied und hier und dort raschelte es im Unterholz, wo die Nachttiere langsam erwachten. Er sah Claudio, den Feuersalamander, zwischen den Bäumen huschen und flog auf ihn zu. „Hallo Claudio, wohin des Weges?"

Claudio schaute nach oben. „Hallo Malu, wir sind dabei, am Bach kleine Rinnen zu buddeln, damit sich das Wasser sammelt, sobald es regnet."

Malu lachte. „Was bezweckt ihr damit?"

„Naja, wir dachten, dann können vielleicht kleine Tiere wie wir etwas Wasser bunkern. Wisal hilft uns dabei, er macht den Boden der Rinnen platt, dass nicht gleich das Wasser versickert, so haben wir lauter kleine Wasserstellen."

Malu schüttelte den Kopf. „Ihr kommt auf Ideen, jedoch versucht es, man muss alles ausprobieren, erst dann kann man sehen, ob es funktioniert. Ich fliege heute mal raus zum großen Feld hinterm Dorf, mal sehen, was sich da tut, schöne Nacht noch."

Malu winkte noch mal mit den Flügeln und flog Richtung Feld. Es war eine schöne sternenklare Nacht. Ihm kam es vor, als würde er unter einem großen Sternenzelt entlang fliegen. Auf dem Feld tanzten die Glühwürmchen und der Mond schien hell. Plötzlich hörte er etwas. Was war das? Dieses Geräusch passte nicht in diese schöne Stille der Nacht. Malu schaute sich um. Dann sah er die Quelle des Geräusches und flog darauf zu. Ein kleiner Junge saß am

Feld und weinte. Er flog um ihn herum. Der Junge schrie entsetzt auf. „Nein, bitte tu mir nicht weh, hol mich nicht, ich werde auch in Zukunft artig sein.“

Malu stutzte. Der Junge hatte Angst vor ihm. Er landete in einiger Entfernung und schlich langsam näher. „Hallo, ich will dir nichts tun, ich bin Malu, vor mir brauchst du keine Angst haben.“ Ganz langsam schlich er noch näher, ließ seine Flügel hinter sich her schleifen. Es sah schon lustig aus. Der Junge blickte Malu entgegen.

„Ich habe Angst, woher soll ich sicher sein, dass du mir nichts tust?“

Malu blieb stehen. „Gute Frage, das kannst du erst wissen wenn ich bei dir bin. Wenn du es jedoch nicht zulässt, wirst du es nie erfahren.“

Der Junge grübelte und biss sich auf die Lippen. „Mmmh, was soll ich bloß machen?“

„Tja, es gibt nur zwei Möglichkeiten, entweder du sagst ich soll gehen, dann gehe ich oder aber du lässt mich näher kommen und gehst das Risiko ein, mich kennenzulernen.“

Malu wartete. „Also gut, bleib aber auf Abstand.“

Malu verdrehte die Augen. „Ok, wie heißt du und warum weinst du hier so alleine im Dunkeln?“

Der Junge seufzte auf. „Ich heiße Cody und ich verstehe nix mehr, alles ist so beängstigend, das ganze Leben. Ich grusel mich nur noch und ich finde keinen Ausweg. Papa sagt immer, ich muss meine Ängste überwinden, doch das macht mir noch mehr Angst. Gestern waren wir am See schwimmen, naja, wir wollten, doch als ich das Wasser sah und dann noch rein sollte, bekam ich fürchterliche Angst und rannte weg. Im Nachhinein war es mir peinlich, jedoch konnte ich in diesem Moment nur flüchten. So geht es mir mit allem, ich bin einfach ein Feigling.“

Malu schaute den Jungen mit zur Seite gelegtem Kopf an. „Du bist kein Feigling. Angst zu haben in verschiedenen Situationen weist auf Vorsicht hin. Klar, manchmal sagt uns unsere innere Stimme, das uns etwas erschreckt, doch heißt das noch lange nicht, dass man ein Feigling ist."

Cody schaute Malu an. „Weißt du vielleicht, wie ich meine Ängste überwinden kann? Ich will auch stark sein und ich möchte gerne den Mut haben, mal was auszuprobieren, wie schwimmen oder auf einen Baum klettern, das machen alle meine Freunde."

„Weißt du, Cody, du sagtest gerade, du willst stark sein, jedoch bist du es schon. In dem Moment, wo du mich um Hilfe gebeten hast, warst du schon sehr stark und mutig, denn du hast deine Schwäche eingestanden und den Mut und die Stärke besessen, mich zu fragen."

Cody schaute ganz entsetzt. „Ist das nicht schwach wenn man seine Schwächen eingesteht?"

„Nein, ist es nicht, denn es ist viel schwerer zu erkennen, dass man Schwächen hat und noch schwerer, darüber zu reden. Doch in deinen Inneren hast du erkannt, dass du so, wie es jetzt ist, nicht glücklich bist, und du möchtest etwas daran ändern, also komm, ich nehme dich mit und zeige dir, wie du deine Ängste überwinden kannst. Wir reisen mit Magie, also schließe die Augen und folge mir."

Cody machte die Augen zu und plötzlich schwebte er. „Wow, wie toll ist das denn, ich fliege. Doch das sieht sehr tief aus, was ist, wenn ich falle? Du bist so klein, du kannst mich nicht auffangen."

Malu flatterte um ihn rum. „Ein bisschen Vertrauen musst du schon haben, du kannst nicht fallen, denn dein Körper liegt noch auf dem Feld, nur deine Seele fliegt mit mir und sie ist schwerelos."

„Wow das ist krass, doch auch etwas unheimlich, was ist, wenn jemand meinen Körper wegbringt, dann schwebe ich ewig hier rum.“

Malu schmunzelte. „Cody, Cody, du machst dir Gedanken, jetzt komm und höre auf, immer einen negativen Gegensatz zu suchen. Was wäre Wenn … Es könnte doch … genieße einfach und mach dir nicht so viele Sorgen.“

Der Junge gluckste. „Das ist ja mein Problem, ich denke einfach zu viel über alles nach.“

Sie flogen eine Zeit lang still durch den Wald. Nach einiger Zeit entspannte sich Cody und genoss die Nacht. Er wunderte sich, dass die Bäume im Dunkeln gar nicht so gefährlich aussahen, wenn das Mondlicht darauf strahlte. Obwohl es Nacht war, empfand er es nicht als dunkel. Das erstaunte ihn. „Sag mal, Malu, warum kommt mir das alles so hell vor? Die Nacht hat mir immer Angst gemacht, weil sie unheimlich und dunkel ist, doch nun sehe ich, das es hier gar nicht so dunkel ist, wie ich immer annahm.“

Malu lachte. „Siehst du, was sagt uns das? Man muss die Dinge von einer anderen Seite betrachten und schon sind sie nicht mehr gefährlich. Bisher hast du nur Dunkel gesehen, weil das der Gegensatz zum Tag und der Helligkeit der Sonne ist. Doch nun nimmst du den Mond und die Sterne wahr und schon erscheint dir die Nacht hell. Wie wir etwas wahrnehmen, ist der ausschlaggebende Punkt. Du musst einfach mit deinem Herzen schauen, vieles ist für die Augen unsichtbar. So, nun sind wir da, siehst du den See da unten, da wohnt ein Freund von mir, zu dem gehen wir jetzt.“

Beide flogen sie an das Ufer des Sees und machten es sich gemütlich. Es dauerte nicht lange und es platschte im Wasser. „Halli Hallo, Wisal ist do …“

Malu quitschte auf, als Wisal mit einer großen Wasserfontaine ankam. „Wisal, darf ich dir Cody vorstellen? Ich denke, du kannst ihm helfen, seine Ängste vor dem Wasser zu überwinden."

Cody staunte nicht schlecht, als der kleine Waschbär, naja klein war er nicht, ziemlich dicklich, heranschwamm.

„Hallo Cody, du hast Angst vor dem Wasser? Ich bin entsetzt, es gibt nichts Schöneres. Es ist kühl, nass und erfrischend. Es hilft gegen den Durst und es hält einen sauber. Ich liebe es."

Cody schaute zu Boden. „Aber es gibt in verschiedenen Gewässern Fische und gefährliche Tiere und man kann ertrinken."

Wisal atmete tief durch. „Klar, da gebe ich dir Recht, doch man muss eben da schwimmen, wo man sich sicher fühlt. Warum sollte ich mir Gedanken machen, dass mich ein Hai fressen könnte, wenn ich doch weiß, dass es hier im See keine gibt, und da, wo es Haie gibt, werde ich einfach nicht schwimmen. Also ist diese Angst doch verschwendet. Ich nehme mir damit den Spaß schon vorab weg."

Cody grübelte. „Tja, ich weiß wirklich nicht, von der Seite habe ich es noch nie gesehen."

Malu schaute beide an. „Cody wenn du dir schon, bevor du eine Sache angehst, so viele Gedanken machst, dann mach sie auch richtig."

„Papa sagt immer ich soll nicht soviel Hirngespinste spinnen, dann würde ich viel mehr Spaß an einer Sache finden."

Wisal gluckste. „Ha, dein Papa ist wirklich schlau, denn er hat recht. Klar musst du dir davor Gedanken darüber machen. Jedoch nicht, dass es passieren könnte, dass dich ein Hai frisst, sondern du musst immer abwägen, ob es eine Sache wert ist, es auszuprobieren."

Cody schmunzelte. „Ok und wie mache ich das?"

Wisal blickte Malu an. „Also, angenommen, du willst schwimmen. Dann schau zuerst, wo gehst du schwimmen, was ist das für ein See, ehrlich gesagt, wenn dein Papa dabei ist, brauchst du keine Angst zu haben, denn er wird dich nicht in einen See mit Haien werfen. Immerhin gab er dir einen schönen Namen und das sagt mir, dass er dich liebt und um dein Wohl besorgt ist."

Cody schaute ruckartig hoch „Was ist mit meinem Namen?"

Malu lachte. „Dein Name bedeutet glücklicher Sohn, mir scheint, da steckt so viel Liebe drin, die dir deine Eltern mitgaben, da kannst du ihnen wirklich voll vertrauen."

Wisal spritzte mit Wasser. „Weißt du, Vertrauen ist wichtig, einmal Vertrauen deinem Vater gegenüber und auch Vertrauen zu dir selbst. Wenn du das hast, brauchst du keine Angst haben, denn du bist auf der sicheren Seite. So, und nun muss ich wieder schwimmen gehen und planschen und Tschüssy, bis bald." Wisal tauchte ab und schwamm davon.

„Tja Malu, ich sehe jetzt, dass meine Angst ganz unbegründet war. Wahrscheinlich habe ich meinen Vater noch verletzt, weil ich ihm nicht vertraut habe. Ich bin so ein Idiot."

„Nein, bist du nicht, du hast dich nur zu sehr von deiner Angst leiten lassen. Nun komm, wir fliegen weiter."

Sie schwebten wieder in die Höhe und flogen zur großen Eiche. Dort ließen sie sich auf einen dicken Ast in der Baumkrone nieder. Cody baumelte mit den Beinen und hielt sich krampfhaft fest. „Cody, loslassen, denk daran, dein Körper ist nicht hier“, lachte Malu.

„Ach ja, da war ja was, jedoch ist das ganz schön hoch. Was machen wir hier?“

„Wir warten auf Sophia, die Eule. Während wir warten ... was bedrückt dich denn noch? Wovor fürchtest du dich außerdem?“ Cody seufzte. „Oft liege ich in meinen Bett und denke darüber nach, was ich machen soll, wenn mal Papa und Mama was passiert. Wenn sie sterben. Neulich ist Julia gestorben und sie war noch gar nicht alt. Meine Eltern sind schon sehr alt. Davor habe ich große Angst.“

Lautlos schwebte Sophia herbei und setzte sich auf den Ast. „Hallo Malu, hallo Cody.“

Cody staunte. „Woher weißt du, wie ich heiße?“

Sophia gluckste. „Ich weiß fast alles, du hast Ängste und damit verbaust du dir ein glückliches Leben.“

„Malu sagt, ich kann meine Ängste verlieren, wenn ich umdenke. Jedoch ist das sehr schwer. Ich habe gerade Malu erzählt, dass ich Angst habe, dass meine Eltern sterben. Das macht mir wirklich fürchterliche Angst.“

Sophia schaute Cody an. „Weißt du, Cody, wir werden geboren, dürfen eine Zeit lang auf der Erde leben und dann müssen wir wieder gehen. Wir sterben, das ist der Lauf des Lebens. **Wenn wir heute schon Angst haben, das Morgen nicht zu überstehen, wie sollen wir dann heute glücklich und ungezwungen leben?**“

„Mmh, da ist was Wahres dran, wenn ich jetzt so darüber nachdenke. Doch wie geht man mit dieser Angst um?“

Sophia schmunzelte. „Es ist eigentlich ganz einfach, genieße jeden Tag mit deinen Liebsten, als wäre es dein letzter mit ihnen, und du wirst glücklich sein, dass du sie eine Zeit lang in deinem Leben haben durftest. Das ist das ganze Geheimnis daran. Habe keine Angst, dass sie dich eines Tages verlassen werden, denn wenn sie in deinen Herzen wohnen, werden sie auch dann bei dir sein."

Cody schnaubte. „Das ist alles, wieder mal das Herz, das mitspielt, weil die Augen nicht alles sehen, wie Malu mir sagte. Ich glaube, ich habe es verstanden."

Malu winkte Sophia zu und sie flogen beide wieder durch die Nacht.

„Wohin geht es jetzt?", fragte Cody.

„Jetzt fliegen wir zu Orenda, sie ist eine Schamanin. Mal sehen, ob sie dir auch etwas helfen kann."

Sie flogen hoch zum oberen See. Orenda stand wie immer mit ihren Stab an der Kante und schaute in das Wasser. Als sie hörte, wie Malu anflog, grinste sie. „Guten Abend, Malu und Cody, ich habe euch schon erwartet."

Cody schüttelte den Kopf. „Woher wissen alle hier, wer ich bin?"

Malu lachte. „Orenda ist eine weise Frau, sie ist Magie und sie weiß vieles schon im Vorfeld."

„Wow, ist sie Hellseherin, dann kann sie mir sicher sagen, ob meine Eltern noch lange leben."

Orenda lächelte. „Setzt euch zu mir und, nein, das kann ich nicht, denn das liegt in weiter Zukunft. Es wäre auch nicht gut, wenn wir wüssten wann unsere Zeit auf Erden abgelaufen ist, denn wir würden uns jeden Tag Sorgen machen, die Zeit ausrechnen, die uns noch bleibt, und somit gar nicht richtig leben. Du bist mit so vielen Gedanken und Ängsten behaftet, dass es schon ein Wunder ist, dass du überhaupt noch etwas schaffst. Komm, leg dich hierher, wir wollen mal schauen, was dein Geisteradler zu dir sagt."

Orenda entfachte das kleine Lagerfeuer, warf ein paar Kräuter hinein und fing an, Wörter in einer fremden Sprache zu sprechen. Es war eher ein Singsang und es lullte Cody langsam ein. Er hatte das Gefühl auf einer Wolke getragen zu werden. Um ihn herum erstrahlte alles in bunten Farben. Es war fantastisch und ein großer Frieden senkte sich über seine Seele. Er sah einen hohen Berg, auf dessen Spitze, eingehüllt von farbigen Nebel, sich ein großer Adler befand. Mit weit ausgebreiteten Schwingen schaute er Cody entgegen. „Guten Abend, Cody, ich bin dein Geisteradler Abahya, ich möchte dir etwas mit auf deinen Weg geben, damit du in Zukunft deine Ängste beherrschen kannst."

Cody staunte nicht schlecht. Er hatte einen eigenen Geisteradler, wow, das war cool. Abahya schmunzelte. „Ja, ich bin dein ganz persönlicher Geisteradler, jeder hat einen, nur die wenigsten treten mit uns in Kontakt. Deine Seele ist sehr stark und deine Ängste unbegründet. Stell dir eine schwarze Wolke vor, was denkst du dann?"

Cody überlegte. „Na, dass es bald regnet und die Sonne weg ist und alles trüb und grau ist."

Abahya schüttelte den Kopf. „Nein, das ist falsch, erst mal ist die Sonne nicht weg. Denn jede Wolke, so schwarz, wie sie auch ist, dem Himmel zugewandt hat sie immer ihre Sonnenseite. Regen ist das Wasser des Lebens, für die Natur, die Tiere und sogar für den Menschen. Also hat es was Positives, wenn eine schwarze Wolke erscheint. Du siehst, alles ist nur Ansichtssache."

Cody konnte es nicht glauben, das alles war richtig, doch so hatte er es nie gesehen. Schwarze Wolken waren immer dunkel und deshalb machten sie ihm Angst. Jetzt merkte er auf einmal, dass seine Ängste unbegründet waren. Abahya lächelte Cody an. „Du bist so mutig, dass du dir eingestehst dass du falsch lagst mit deinen Ängsten. Das ist ein großes

Zeichen von Stärke. Wenn du wieder einmal eine Angst verspürst, denke erst darüber nach, wäge ab, wovor du überhaupt wirklich Angst hast. Ist es nur das Dunkel oder die Sache oder einfach weil dir der Mut fehlt und es dir nicht ganz geheuer ist? Fehlt dir das Vertrauen jemandem oder einer Sache gegenüber? Arbeite diese Punkte ab und vor allem, lass alle deine Sinne mit entscheiden. Höre auf deine innere Stimme und frage dein Herz, was es dazu sagt und dann siehst du die Situation vielleicht ganz anders. Mach dir nicht immer Gedanken, was wäre wenn … damit kommst du nicht weiter. Nur wer etwas wagt im Leben, wird wissen, ob es gut oder schlecht ist. Das sind die Erfahrungen, die wir machen, diese machen uns zu dem, was wir sind."

Cody hörte intensiv zu. „Danke, dass du mir auf die Sprünge geholfen hast. So, wie ich das verstehe, sind meine Ängste nichts anderes als Unsicherheit, weil ich nie darüber nachgedacht habe, ob sie unbegründet sind, und solange ich eine Sache nicht versuche, werde ich nie wissen, ob sie richtig oder falsch war."

„Genau, du stehst auf der Stelle, kommst nicht voran und dazu ist die Lebensspanne einfach zu kurz, um sich damit zu befassen. Wage es, sei mutig, höre auf dein Herz und vertraue. Nun geh wieder zurück zu Orenda. Ich werde immer bei dir sein, solange deine Magie in dir ist."

Cody schwebte wieder durch die Farben zurück, der Geisteradler verblasste. Langsam wachte er auf. Malu und Orenda schauten ihn an. „Na, wie war es?", fragte Malu.

Cody atmete auf. „Weißt du, irgendwie ist mir ganz leicht ums Herz. Ich werde morgen mit meinem Papa schwimmen gehen und ich werde Mama einen Strauß Blumen mitbringen. Ich werde in den See springen, denn ich vertraue meinem Vater. Ich werde all das, was ich erfahren habe, umsetzen. Das heißt also, ich werde die zweite Seite auch betrachten, denn egal, wie dunkel eine Wolke ist, dem Himmel zugewandt hat sie immer ihre Sonnenseite."

Malu und Orenda lächelten. „Komm, ich bring dich zurück, sonst macht sich noch jemand Sorgen, wenn du so lange alleine draußen auf dem Feld bist."

Malu flog auf und nahm Cody mit. Orenda winkte ihnen noch hinterher. Am Feld angekommen stoppte Cody plötzlich und flüsterte: „Malu, da ist Papa und er hält meinen Körper in seinen Armen, meinst du, er denkt, ich bin tot?"

Nein Cody, er wird annehmen, du schläfst. So, wie ich das sehe, beschützt er dich."

Cody schaute genau hin, sein Papa streichelte ihm die Wange und schaute in die Sterne, er war voll entspannt. „Ja, Malu, du hast recht, er liebt mich. Ich gehe jetzt und danke, dass du mir das Herz geöffnet hast. Ich fühle mich viel leichter."

Malu flatterte etwas außer Sichtweite der beiden und hängte sich an einen Ast. Er beobachtete, wie sich Cody in den Armen seines Vaters regte. Er schlug die Augen auf und sah ihn an. „Hallo, Papa, schaust du auch die Sterne an? Es ist gar nicht dunkel in der Nacht, da ist soviel schönes Licht."

Sein Vater schaute auf ihn hinunter. „Ja, mein Sohn, hier ist nichts, wovor du dich fürchten musst. Die Nacht hat auch schöne Seiten."

Cody seufzte. „Papa, gehen wir morgen nochmal schwimmen?"

Sein Vater schaute ganz erstaunt „Wenn du das möchtest, gerne."

Cody lachte. „Ja, Papa, denn ich vertraue dir und wir nehmen Mama mit, denn ich möchte den Tag gerne mit euch beiden verbringen.“

Ganz erstaunt schaute der Vater seinen Sohn an. Was war passiert, wo waren die Ängste, die ihn so gequält hatten? „Sag mal, Sohn, bist du es wirklich oder bist du hier in der Nacht vertauscht worden?“

Cody platzte heraus: „Nein, Papa, doch ich will dir eine Geschichte erzählen von Waschbären, Eulen, einer Fledermaus, die Malu heißt, meinem Geisteradler, von einer Schamanin und davon, dass man mit dem Herzen schauen muss denn das Wesentliche ist für die Augen unsichtbar. Und vor allem davon, dass alles eine gute, helle Seite hat.“ Cody sprang auf, nahm die Hand seines Vaters und zog ihn hoch. „Komm, Papa, und nun pflücken wir für Mama noch ein paar Blumen, um Farbe in ihr Leben zu bringen.“

Cody drehte sich noch einmal um und zwinkerte Malu zu. Malu zwinkerte zurück. Dann flog er Richtung Höhle. Das Leben ist doch so schön, wenn man es von der richtigen Seite aus besah.

## Gedanken eines Kindes

Die Sonne senkte sich heute sehr langsam herab. Malu war schon wach und flog zu Mirko, der am Höhleneingang ein Netzt webte. „Na, was hast du heute vor?“, fragte Mirko.

„Wir werden heute mal zu Lynn und Zacharias fliegen, willst du mitkommen?“

Mirko überlegte und in diesem Augenblick flog Sophia herbei. „Hallo, wollen wir los? Willst du mit, Mirko? Dann kletter auf meinen Rücken.“

Mirko lachte. „Klar komme ich mit, ist mal eine Abwechslung. Vielleicht erzählt er uns wieder eine Geschichte.“

Die drei flogen runter zu Zacharias‘ Hütte. Dort angekommen sahen sie, dass Besuch da war. Lynn und Zacharias saßen wie immer auf der Veranda und es war noch eine jüngere Frau bei ihnen. Malu hängte sich an die Verandastrebe. „Huhu, wir sind da und wollen euch besuchen, sicher kommen noch mehr Freunde heute Nacht vorbei.“

Lynn gluckste. „Das ist schön, heute Morgen hat Zacharias noch nach euch gefragt, in einem seiner hellen Momente.“

Zacharias schaute auf. „Oh wie schön, Tiere, ich habe früher viele Tiere zu Freunden gehabt.“

Alle lachten sie.

„Das ist meine Enkeltochter Moja, sie besucht uns einige Tage“, stellte Lynn vor.

Moja grinste alle an. „Ihr seid also die tierischen Freunde, von denen ich schon so viele Geschichten gehört habe. Schön, euch kennenzulernen.“

Sophia drehte sich um und schaute in den Wald. „Schaut, da kommen sie alle, Wisal, der Waschbär, Hope, die Füchsin mit den Kindern, Imani, der Bussard, Galdur, der Maulwurf, Claudio, der Feuersalamander, und sogar Basma, der Specht, und Alvin, der Eichelhäher, und sogar die Glühwürmchen sind dabei. Na das wird heute eine große Runde“, sagte Sophia.

Zacharias winkte allen zu. „Hallöle, schön, dass ihr da seid.“

Mirko krabbelte auf Zacharias‘ Schulter. „Moja, ich sehe, dass du ein Buch bei dir hast, kannst du uns daraus eine Geschichte vorlesen?“

Moja schaute auf. „Dies ist kein Buch mit Geschichten, dies ist ein Tagebuch, das mir Opa vor vielen Jahren geschenkt hat. Es fiel mir wieder in die Hände, als ich am ausräumen war. Ich habe es vor langen Jahren geschrieben, im Alter von 14 Jahren.“

Malu schwang hin und her. „Also, Buch ist Buch, sicher hast du da was reingeschrieben, deine Erfahrungen und Gefühle als Kind, die sicher sehr interessant sind und erstaunen, wenn man sie nach so vielen Jahren wieder einmal liest.“

„Genau, Malu, da hast du recht, ich habe darin gelesen und ich habe festgestellt, dass ich schon als Kind viel Zeit in der Natur verbracht und viel zu viel nachgedacht habe und schon damals mir die große Frage stellte: Was ist Leben?“

Lynn sah Moja an. „Moja, lies uns doch etwas daraus vor, du bist ein wundervoller Mensch geworden und deine Vergangenheit hat dich dazu gemacht. Gerne würden wir erfahren, was dich zu dem Menschen gemacht hat, der du heute bist.“

Alle Tiere pflichteten dem bei. Moja seufzte auf. „Ich weiß noch, tagelang saß ich vor den leeren Seiten und fand keinen Anfang. So viel ging in meinem Kopf herum, doch einen Anfang sah ich nicht. Ich suchte vergeblich, denn ich befand mich schon mittendrin. Wisst ihr, da gab es einen kleinen Augenblick meines Lebens, der mir half, erwachsen zu werden."

Wisal unterbrach. „Hey, das verstehe ich nicht. Ein Augenblick deines Lebens, der dir half, erwachsen zu werden?"

Moja dachte nach. „Ich erinnere mich genau, es war mein zwölfter Geburtstag, als ich dieses Buch geschenkt bekam. Doch als ich es aufschlug, fand ich nur leere Seiten darin. Ich schaute fragend in die Runde, mein Opa sagte damals zu mir: *Dies ist ein Tagebuch, es wird immer für dich da sein, alles, was du ihm erzählst, behält es für sich und irgendwann, wenn du mal älter bist, wirst du es rausnehmen und über das lachen, was du ihm anvertraut hast, und genau dann wirst du feststellen, dass die Zeit, die du als schwer empfunden hast, eine schöne Zeit war.*" Moja sah vom Buch auf. „Damals wusste ich noch nichts mit den Worten anzufangen, doch heute weiß ich, es war das wertvollste Geschenk in meinem Leben. Es dauerte zwei Jahre, bis ich mich an dieses Buch erinnerte und anfing, darin zu schreiben." Sie schlug das Buch auf und fing zu lesen an. „Das Leben ist so unfair und gemein." Sie machte Pause „Mit diesem Satz fängt das Buch an." Sie atmete tief durch. „Immer höre ich sie sagen: Du kannst dich glücklich schätzen, dass du noch so jung bist, komm erst mal in unser Alter … ich möchte euch mal sagen, was es bedeutet, jung zu sein. Es ist dieses Gefühl, nicht ernst genommen zu werden. Man wird akzeptiert, jedoch nicht verstanden. Da ist die Angst zu versagen, denn man hört immer öfters, du kannst das sowieso nicht. Dann diese Einsamkeit in einem, die man plötzlich kennenlernt, man versucht ihr zu entfliehen. Das Bedürfnis nach Freiheit. Die Erkenntnis, dass Träume eben nur Träume sind. Man hat Angst, irgendetwas zu versäumen, wenn man nichts dagegen tut. Da ist die schwere Enttäuschung, weil sich das Leben als nicht so abenteuerlich und leicht herausstellt. Die Sehnsucht nach Liebe, deren Inhalt Schmerz bedeutet. Wenn jetzt noch einer denkt: Jung sein ist leicht und unbeschwert …“

Basma schluckte. „Wow, was für Worte, und das hast du als 14jährige da reingeschrieben, echt krass.“

Moja verzog die Lippen und las weiter. „Die ersten Seiten und doch nur eine von vielen. Heute ist mir so richtig nach jauchzen und hüpfen. Ich habe einen richtigen Anfall von Freude. Warum, frag mich nicht, ich weiß es nicht. Doch irgendwie finde ich es heute besonders schön. Den Tag, die Sonne scheint, Vögel singen, ein Flugzeug brummt am Himmel. Es ist einfach schön. Ich sollte es viel öfters machen, einfach mal lachen. Auch wenn es noch so dunkel aussieht, einfach mal lachen. Ich sitze mit dir im Park. Es ist zwar noch etwas kalt, doch ich bin warm angezogen. In letzter Zeit gehe ich gerne alleine spazieren. Warum auch nicht, allein sein ist schön, jedoch nur, wenn man allein sein will, nicht, wenn man muss. Oft träume ich davon, was ich gerne einmal machen möchte. Ich stelle mir mein Leben vor, wie es sein wird. Ich träume, dass meine Wünsche und Gedanken eines Tages in Erfüllung gehen. Ich habe so viele Ziele und wenn ich nur einen kleinen Teil davon erreiche, bin ich glücklich.“

Lynn seufzte tief auf. „Du warst damals ein sehr verträumtes Kind und viel zu weit mit deinen Gedanken.“

Moja las den nächsten Eintrag. „Es ist still und ich ertappe mich dabei, dass ich wieder vor mich hin träume. Doch das ist die Zeit die, ich brauch, um ich selbst zu sein. Sind wir nicht alle nur so, wie man es von uns verlangt? Wer hat schon Interesse daran, wer wir wirklich sind. Wer bin ich überhaupt? Diese Frage stelle ich mir oft in letzter Zeit. Was erwartet man von mir? Als ich klein war, laufen lernte, hinfiel, aufstand und weiterlief, sagte keiner zu mir, bleib liegen, du schaffst es sowieso nicht. Warum höre ich jetzt, wo ich älter bin, immer wieder, du schaffst das nicht. Was ist auf einmal los? Ich verstehe es nicht. Ein großer Drache erscheint vor mir. Mitten auf meinem Weg der gerade noch so friedvoll verlaufen ist. Alles um mich herum ist plötzlich still. Ich stehe wie erstarrt. Meine Gedanken überschlagen sich. Ich möchte rennen, doch es geht nicht. Irgendetwas hält mich fest. Ich sehe meine Hände und Füße und sie sind gefesselt. Der Drang zu rennen wird immer stärker. Ich möchte schreien, jedoch kommt kein Ton raus. Ich sehe Gesichter vor mir, einige lachen, andere weinen, andere wiederum schauen mich an und deren Ausdruck lässt mich schweigen. Der Drache kommt näher – ich weiß, dass ich ihm nicht entkommen kann. Jedoch gebe ich nicht kampflos auf. Ich füge mich, doch ich kreuze die Finger und dieses Kreuzen gibt mir Kraft. Ich gebe mir das Versprechen, weiterzukämpfen. auch wenn ich diesen einen Kampf verloren habe."

Imani flog heran. „Moja, so eine starke Seele wohnt in dir, in so jungen Jahren solche Empfindungen in Worte zu fassen, das ist … dafür gibt's keine Worte."

Moja schlug die Seite um, dann noch eine. „Hier ist noch ein Eintrag. der mich sehr nachdenklich gemacht hat". sagte sie. „An Papa und Mama. Wenn meine Wände reden könnten, sie könnten euch sagen, wie oft ich geweint, wie oft ich gelacht und wie oft ich verzweifelt war. Wie oft ich um Hilfe geschrien, gebeten und geflüstert habe. Doch ihr habt mich nicht gehört, denn es scheint euch egal zu sein. Darum wäre es gar nicht gut, wenn meine Wände reden könnten, denn ihr würdet es nicht verstehen. Ich wünschte, ich hätte Flügel, dann würde ich wegfliegen, weit weg, dorthin, wo ich mich wohlfühle. Ich wünschte, ich könnte Gedanken lesen, von allen Leuten, die ich kenne. Ich glaube, ich würde sie dann besser verstehen. Ich wünschte, ich wäre ganz weit fort und doch weiß ich, dass mich das Heimweh plagen würde. Ich wünschte … Ja, was eigentlich? Mein Wunsch ist nur dieser eine: verstanden zu werden. Können es Eltern ihren Kindern wohl jemals Recht machen? Wie werde ich wohl einmal werden, wenn ich selbst Kinder habe? Doch ich habe ja dich, mein Buch, und ich kann nachlesen, wie ich mich gefühlt habe als Kind war und kann vielleicht so meine Kinder besser verstehen. Eltern erziehen ihre Kinder, wie ihre Generation gerne gelebt hätte. Sie vergleichen zwei Generationen miteinander, die unvergleichbar sind. Was für sie damals noch unmöglich war, ist für ihre Kinder jetzt schon selbstverständlich. Sie halten es für undankbar, dass ihre Kinder mehr verlangen, als sie bereit sind zu geben. Warum versuchen Eltern nicht, sich einmal in die Situation ihrer Kinder zu versetzen? Waren sie nicht auch einmal jung? Hatten sie nicht auch diesen Konflikt mit den Generationen? Wäre es nicht einfacher, wenn Eltern ihren Kindern öfters mal die Freiheit ließen, etwas selbst zu entscheiden? Nur so lernen Kinder zu schätzen, was Recht oder Unrecht ist. Versucht doch einmal, euren Kindern zuzuhören. Lasst es zu, dass sie sich euch anvertrauen, und habt Verständnis für ihre Gedanken und Ängste. Entscheidet nicht immer für sie, denn es ist das Leben eurer Kinder, mit dem ihr spielt. Fragt sie nach ihrer Meinung, redet mit ihnen. Setzt Vertrauen in eure Kinder und vor allem versucht sie zu verstehen. Denn wir machen auch nicht mehr verkehrt, als ihr es in eurer Kindheit getan habt."

Alle Tiere schauten in Gedanken versunken Moja an. Hope trat näher an die Terrasse. „Ich bin Mutter von zwei lieben Kindern und das, was du vorgelesen hast, bewegt mich tief. Es gab eine Zeit, wo Malu und Sophia mir sagten, dass die Vergangenheit ein wichtiger Teil unseres Lebens ist und wir ihn nicht verbergen sollen, auch wenn er nicht so schön war. Wenn du als Kind schon solche Gedanken und Fragen hattest, dann müssen wir als Eltern wirklich langsam mal anfangen, umzudenken. Wenn doch mehr Kinder früher Tagebuch geschrieben hätten, dann würden sie heute ihre Kinder sicher besser verstehen. Hast du denn dein Buch rausgeholt, um deine Kinder besser zu verstehen?"

Moja schaute Hope an. „Leider wurde es mir nie vergönnt, dass ich eigene Kinder bekam. Es war ein großer Wunsch von mir, doch es sollte nicht sein."

Lynn nahm Mojas Hand. „Kind, ich wusste nicht, dass du ein so tiefgründiger Mensch warst. Doch ich bin so stolz auf dich, denn trotz deiner Wünsche, Gefühle, Ängste und Gedanken bist du ein wundervoller Mensch geworden."

Moja drückte Lynns Hand „Weißt du, heute wundere ich mich selbst, worüber ich mir schon als Kind Gedanken gemacht habe. Ich schau mal, ob ich noch einen Abschnitt finde, der wirklich wichtig für mich war." Moja blätterte im Buch.

Mirko fragte. „Steht da auch etwas über Freundschaft drin?"

„Ja, warte, ich weiß, dass es eine Freundschaft gab, die mich für's Leben geprägt hat.“ Moja blätterte dann hielt sie inne und nach einiger Zeit fing sie zu lesen an. „Was ist eigentlich eine richtige Freundin? Ich finde, sie muss in erster Linie ehrlich sein und das sagen, was sie denkt. Vor allem muss sie auch im Streit das ihr Anvertraute für sich behalten können. Dann darf sie nicht nur nehmen, sie muss auch geben können. Ich erwarte eigentlich nur, dass sie so zu mir ist, wie ich zu ihr bin.“ Moja stoppte und las leise weiter. Ihr standen plötzlich Tränen in den Augen.

„Was ist los, warum liest du nicht weiter?“, fragte Wisal.

Moja schaute mit Tränen in den Augen lächelnd auf, sie schlug das Buch zu. „Ich hatte einen echten Freund, doch von ihm werde ich euch so etwas erzählen, denn die Zeit mit ihm war etwas sehr Besonderes und war auch ein wertvoller Abschnitt meines Lebens. Er war 25 Jahre und ich 14 Jahre alt. Er war mein Brieffreund. Meine Eltern hießen es nicht gut, dass wir uns schrieben, denn er saß im Gefängnis. Warum, das war für uns nie ein Thema, denn es war nur wichtig, dass wir uns gegenseitig brauchten. Als ich ihn kennenlernte, schloss ich für zwei Jahre mein Tagebuch, denn er war mein Ersatz dafür. Für mich war es von Anfang an ein Hilfeschrei ohne Vorurteile. Ich schrieb ihm damals, dass es seine Entscheidung ist, ob er mir erzählen möchte, was er getan hat, denn ich würde ihn nie danach fragen. Das erste Mal in meinen jungen Jahren schrieb ich einem Menschen, was ich dachte. Er lernte mich ja erst kennen und ich konnte mich so geben, wie ich wirklich war. Er schrieb mir ein Gedicht: Ich bin der Springer, du der Fänger, ich stürze ab, du fängst mich auf. Selbst wenn das Leben ein ewiges oder einziges Fallen wäre, ich werde niemals aufschlagen, solange du bei mir bist. Wir waren beide Springer wie Fänger. Es ist einfacher zu schreiben, als mit jemandem zu reden, wenn man ihm gegenüber sitzt. Zwei Jahre haben wir uns geschrieben. Es waren zwei wundervolle Jahre. Denn im Gegensatz zu meinem Tagebuch bekam ich Antworten. Doch leider kamen wir an einen Punkt, wo uns unsere Freundschaft über den Kopf wuchs. Meine Gedanken waren zu weit. Ich rätselte über Dinge, die eigentlich noch gar keine Bedeutung für mich hatten. Er bremste mich oft aus. Ich kämpfte gegen Mauern, die ich einfach noch nicht bezwingen konnte. Einmal schrieb er mir, das Leben sei zu vergleichen mit einem langen Weg ‚dessen Verlauf wir nicht kennen, doch den wir selbst bauen. Wir gehen diesen Weg entlang und wir entscheiden, wie er sich biegt und wendet. Wo er gegen ein Hindernis stößt und wo wir ihn frei passieren können. Wir dürfen auch fallen, doch wir dürfen nie vergessen, aufzustehen und weiter zu gehen. Glaubt mir, ich weiß nun mit gelebten Jahren, dass er so was von Recht hatte. Gingen wir denselben Weg? Nein unsere Wege führten eine Zeit lang nebeneinander her. In dieser Zeit war er mein Tagebuch, mein Ratgeber, mein Kraftschöpfer, mein Fänger. Wir verloren uns aus den Augen nach seiner Zeit. Doch das war vorbestimmt, denn unsere Wege trennten sich. Heute denke ich gerne daran zurück, denn er hat mir viel Kraft gegeben, meine jungen Jahre zu meistern.“

Moja lächelte und klappte das Buch wieder auf.

Alvin, der Eichelhäher schmunzelte. „Ja echte Freunde sind etwas Schönes, auch wenn man sie nur eine Zeit haben kann. Wichtig ist das man die Zeit mit ihnen voll ausschöpft, egal, wie lange sie andauert.“

Zacharias schaute auf. „Ja wahre Freunde, treue Freunde sind das Wichtigste im Leben.“ Dann war er auch schon wieder in Gedanken versunken.

Moja suchte einen neuen Abschnitt. „Hier habe ich meine ersten Erfahrungen mit der Liebe geschrieben, hört zu.“ Sie schmunzelte. „Heute las ich den ersten Liebesroman, wow, war das schön, so etwas möchte ich auch mal erleben. Was ist Liebe? Diese Frage stelle ich mir immer öfters. Lieben sich meine Eltern? Meine Großeltern ganz bestimmt. Ich denke mir, dass Liebe zu vergleichen mit Atlantis ist. Die Stadt wurde aufgebaut mit viel Liebe und Kraft und bis zu ihrem Untergang war sie alles für die Menschen, die darin lebten. Freude, Glück, Liebe, Schmerz, Erfolg, Herzlichkeit und Trost. Sie ist untergegangen, denn sie sollte nicht sein. Alles hat seinen Grund, denke ich. Doch irgendwo weit unten gibt es sie noch. Sie ist verborgen, mit all ihren Schätzen und doch nie vergessen. Es gibt viele Atlantis, nur haben sie andere Namen. Vielleicht kann man auch die Liebe als Atlantis bezeichnen. Denn es liegt alles in unseren Händen des Lebens, ob es bleiben soll oder geht. Ich denke, ich denk wieder mal viel zu sehr über eine Sache nach. Dabei bin ich doch erst 16 Jahre alt. Was mache ich mir jetzt schon Gedanken über die Liebe? Außerdem denke ich, dass Liebe alles sein kann und so vieles. Ich erzählte mal jemandem, dass ich ein Eichhörnchen gesehen habe, als ich spazieren war. Ich bekam zur Antwort: Ich habe schon viele gesehen. Doch keiner teilte meine Gefühle, denn für mich war diese Begegnung etwas Wundervolles, denn ich konnte einen Augenblick mit der Natur allein sein. Was nützt uns ein ganzer Blumengarten, wenn wir uns auch an einer einzelnen Blume erfreuen können. Ich denke mir, auch das kann Liebe sein. Die Liebe, den Augenblick zu genießen. Irgendwann bin ich alt und grau und dann werde ich dieses Buch zur Hand nehmen und über mich selbst lachen, so wie Opa es mir gesagt hat. Vielleicht finde ich auch die besondere Liebe, doch mir würde es reichen Glücklich zu sein und fliegen zu können – fliegen in die Freiheit entlang meiner Straße." Moja schlug das Buch zu.

„Ohhhh, steht nicht noch mehr drin?", fragte Wisal.

„Nein hier ist es zu Ende und wisst ihr was, ich war wirklich ein sehr träumerisches Kind. Doch ich habe viele Ziele erreicht, die ich mir in jungen Jahren gesetzt hatte. Heute kann ich mit gutem Gewissen sagen: Ja, ich habe selbst Entscheidungen getroffen, sie waren nicht immer richtig, doch ich habe daraus etwas gelernt. Ja, ich schätze die kleinen Dinge und Augenblicke im Leben und zieh meine Kraft daraus. Ja, ich bin ich selbst und ich lebe jeden Tag, als wäre es mein Letzter. Denn was ich seit meiner Kindheit weiß, ist, dass es keinen Augenblick in meinem Leben gibt, den ich bereuen würde. Jede einsame Minute, jede Träne, jedes Lachen, jede Erfahrung, die ich verspürte, ließen mich zu dem werden, der ich heute bin. Auch wenn ich viele Ziele nicht erreicht habe, die ich mir gesetzt habe, so habe ich heute die Erinnerungen an eine Kindheit, die mir keiner mehr nehmen kann. An Eltern und Großeltern, die mich am Ende doch noch so akzeptiert haben, wie ich wirklich bin. Ich denke mir, dass dies das wirklich Wertvolle im Leben ist – geliebt zu werden, egal, wie man ist."

Lynn seufzte. „Du hast so recht. Nur wenn man sich selbst kennt und sich auch so gibt, wie man wirklich ist und im Inneren sein möchte – wer dann noch bei dir bleibt und dich so akzeptiert mit all deinen Fehlern und Freuden, das sind die wahren Schätze des Lebens."

Malu schaukelte wieder mal hin und her. „Dein Tagebuch ist sehr wertvoll, so kannst du deine Erinnerungen und Gefühle nie vergessen, denn sie sind festgehalten.“

Zacharias prustete . „Malu, du Maus, ich habe zwar nie ein Tagebuch geschrieben, jedoch habe ich ein sehr gutes Gedächtnis und werde nix vergessen.“

Sophia lächelte. „Bestimmt nicht, Zacharias, denn dazu sind wir ja da, um dir im Notfall auf die Sprünge zu helfen.“

Hope umarmte ihre Kinder. „Wisst ihr was, ich finde, mehr Eltern sollten ihren Kindern in jungen Jahren so ein Buch kaufen und vor allem ihnen auch erklären, so wie dein Opa dir, Moja, was sie reinschreiben können, und die Eltern sollten wieder viel mehr mit ihren Kindern reden und vor allem zuhören.“

„Ja da hast du recht, doch leider sieht die Realität anders aus. Ich glaube sogar, dass die meisten Eltern nicht mal wissen, wie ihr Kind wirklich ist im Inneren. Das ist leider die traurige Wirklichkeit.“

Malu flatterte auf. „So, Leute, es ist schon fast Morgendämmerung, wir sollten nun Zacharias und Lynn alleine lassen. So eine Nacht strengt auch an. Du, Moja, bleib, wie du bist, denn du bist echt.“

Alle Tiere zogen sich in ihre Behausungen zurück. Sophia und Malu flogen noch einen Kreis um‘s Haus, da hörten sie jemanden rufen. „He habt ihr nicht was vergessen?“ Malu lachte herzhaft auf und Sophia fiel mit ein. „Mirko, kannst du immer noch nicht fliegen, warte, ich hol dich.“ Sophia segelte zur Veranda und Mirko krabbelte in ihr Gefieder. „So, nun sind wir aber weg, bis zum nächsten Mal.“

Die drei Freunde flogen zur Höhle. Dort angekommen hängte sich Malu in seine Felsnische. Sein letzter Gedanke vor dem Einschlafen war: „**Der Tag, an dem man einen Entschluss fasst, ist ein Glückstag**." Denn genau das hatte Moja in ihrer Kindheit getan.

## Glück ist, Freude zu haben

Ein perfekter Abend erwachte, rot schimmerte der Himmel und der Mond lugte schon raus und schaute sich das Schauspiel an. Am Horizont flog ein Schwarm Schwalben herbei und über die Bäume. Man hörte ihr Lied durch den ganzen Wald. Malu machte sich auf Futtersuche. Er schwirrte mal dahin, mal dorthin und dann flog er zur Buche am See. Dort hängte er sich an einen Ast und bewunderte die Farben am Himmel. Als er über den See sah, erregte eine kleine Schwalbe seine Aufmerksamkeit, die auf einem dünnen Ast saß. Sie saß nur da und lächelte. Er flog zu ihr. „Warum lächelst du?“, fragte er. Doch sie antwortete nicht.

Imani, der Bussard, flog herbei und fragte auch: „Warum lächelst du?“ Doch auch Imani bekam keine Antwort. Die Schwalbe lächelte einfach weiter. Nun kam auch noch Basma, der Specht, angeflogen. Er schaute Imani und Malu an und fragte dann: „Warum lächelt die Schwalbe?“

Malu seufzte. „Ich glaube, sie kann nicht reden, denn sie gibt uns keine Antwort, sie lächelt nur.

Als nun auch noch Sophia anflog, lachten alle. Plötzlich flog der kleine Vogel in die Höhe und rief: „Ich bin so glücklich!“

Zuerst erschraken alle über den plötzlichen Gefühlsausbruch und flogen vor Schreck auf. Da ließ sich die kleine Schwalbe wieder auf dem Ast nieder und alle machten sie es ihr nach und warteten gespannt ab, was nun wohl passierte. Malu hielt es nicht länger aus und fragte. „Nun komm schon, sag uns, warum du so glücklich bist und in einem fort lächelst.“

Die kleine Schwalbe sah Malu an. „Ich bin Kalea, und wie mein Name euch schon sagt, ich bin sooo glücklich. Gestern noch glaubte ich, nie mehr glücklich zu werden, und wenige Stunden später bin ich der glücklichste Vogel der Welt."

Imani schmunzelte. „Hallo Kalea, erzählst du uns deine Geschichte, damit wir mit dir glücklich sein können?" Kalea lachte.

„Ja, ich erzähle euch meine Geschichte." Sie lachte noch einmal kurz und fing dann zu erzählen an. „Vor langer Zeit gab es eine Schwalbenfamilie. Mann, war das lustig, als ich mit meinen Geschwistern im Nest rumtollte. Doch eines Morgens war etwas anders. Viele Schwalben waren oben am Himmel und auch wir flogen zu ihnen in die Lüfte. Es war ein herrliches Gefühl zwischen den Wolken zu fliegen. Ich verstand, es wurde Zeit, in den Süden zu fliegen. Wir flogen und flogen über das Land und die Reise wollte kein Ende nehmen. Zu diesem Zeitpunkt wusste ich noch nicht, wie grausam das Leben sein kann."

Sophia seufzte auf. „Das lernen wir alle irgendwann mal kennen."

Kalea nickte. „Ich bekam Hunger und flog zum Boden. Doch als ich satt war von meiner Mahlzeit und wieder in den Himmel flog, war weit und breit keiner meiner Freunde mehr zu sehen. Ich wollte es erst gar nicht begreifen. Sie hatten mich allein gelassen und vergessen. Plötzlich war ich allein, ganz allein in dieser großen weiten Welt. Was sollte ich tun? Ich flog tagelang umher und suchte. Doch ich fand nicht einen. Die Nächte wurden länger und es wurde sehr kalt. Als die ersten Schneeflocken vom Himmel fielen, suchte ich mir in einer Scheune bei der Menschensiedlung, einen warmen Platz, wo ich bleiben konnte. Dort fand mich ein kleiner Junge. Mein Instinkt sagte mir, flieg weg, die Menschen sind eine Gefahr für uns Tiere, doch ich war so kraftlos, dass ich mir einfach dachte, was kann schon Schlimmes passieren. Ich hatte keine Kraft und keinen Willen mehr zu fliehen und irgendwie spürte ich auch, dass dieser Junge mir nichts tun würde. Er nahm mich mit nach Hause, gab mir Futter und einen warmen Platz in seinem Zimmer."

Malu lächelte. „Du hast dich richtig entschieden, oftmals müssen wir über unseren eigenen Ängste stehen, um zu überleben. Vor allem, wenn man eh nichts mehr zu verlieren hat."

Kalea schmunzelte. „Da hast du recht, es war keine leichte Entscheidung, doch was blieb mir sonst, in der Scheune erfrieren, verhungern. So saß ich bei dem Jungen im warmen Zimmer. Ich schaute oft aus dem Fenster. Draußen schneite es und der Winter kroch über das Land. Dann plötzlich schmolz der Schnee und die Nächte wurden wieder kürzer. Es wurde Frühling. Ich flatterte immer öfter zum Fenster. Dann kam der Tag, als der kleine Junge mich wieder nach draußen ließ. Ich flog hoch, hoch in den Himmel und schwebte unter den Wolken. Meine Flügel nahmen den Wind dankend an. Alles faszinierte mich, sodass ich gar nicht weiter darüber nachdachte, dass ich ja alleine war."

Jetzt lachte Kalea herzhaft auf. „Ich dachte gerade noch, wie schön es doch war zu leben, als ich auf einem Baum vor mir meine Freunde entdeckte. Ich konnte es nicht fassen, sie waren wieder da, alle waren sie wieder da." Kalea lachte und lachte. „Deshalb bin ich nun der glücklichste Vogel auf der Welt."

Alvin flatterte jauchzend auf. „Genau das kannst du auch sein, denn du hast dafür gekämpft, wieder glücklich zu werden, du hast nicht aufgegeben, hast schwere Entscheidungen getroffen und doch nie den Lebensmut verloren. Du verdienst es, glücklich zu sein."

Basma lächelte auch. „Wir freuen uns mit dir, doch nun flieg, flieg zu deinen Freunden und vergiss nie zu lächeln."

Kalea flog euphorisch in die Lüfte. „Es war schön, euch kennenzulernen, ich komm wieder mal vorbei, und erinnert euch ab und zu an mich, wenn euch nach lachen zu Mute ist." Flugs flog sie weg. Alle anderen schauten sich an und Malu lachte „Wisst ihr, ich finde es schön, jemandem zu begegnen, der sein Glück gefunden hat."

Sophia lachte mit. **„Glückliche Momente vergehen nie, wenn man sie im Herzen behält**. Ich denke, das unsere kleine Schwalbe sehr glücklich ist und auch bleibt, denn sie hat die Erfahrung hinter sich, wie es nicht sein sollte."

Imani verabschiedete sich und auch Basma und Alvin flogen davon. Malu überlegte. „Weißt du, was ich suche? Noch mehr glückliche Momente. Wenn ich keine finden sollte, beschere ich jemandem welche, wir sehen uns noch." Und, schwupps, flog Malu in die Nacht. Irgendwie fühlte er sich sehr glücklich und voller Freude, er genoss den Flug. Er segelte Richtung Siedlung, denn die Nacht war gerade erst angebrochen. Als erstes schaute er bei Marion vorbei. Ein heller Feuerschein erleuchtete den Garten. Neugierig flog er näher. Marion und ihre Eltern saßen vor einem kleinen Lagerfeuer und grillten Marshmallows. Es sah sehr gemütlich aus. Als Marion ihn entdeckte, rief sie ihm zu: „Hallo Malu, komm zu uns, schau, was wir grillen. Das hat Julia immer gerne gemacht, wir grillen heute zu ihrem Gedenken."

Malu landete. „Hallo, super, und seid ihr noch sehr traurig das sie nicht mehr hier ist?"

„Weißt du, Malu, wir tragen sie immer bei uns in unseren Herzen, denn da hat sie immer einen Platz. Außerdem machen wir vieles, was sie auch gerne hatte, und das macht uns glücklich, denn wir wissen, dass sie es so gewollt hätte."

Malu lachte. „Also, ich hatte heute eine Begegnung mit einer sehr glücklichen Schwalbe und ich fragte mich, ob es noch mehr Arten von Glück gibt, und siehe da, bei euch habe ich eine gefunden."

Marion lächelte . „Genau, Glück ist, wenn man sich mit einem guten Gefühl erinnern kann, an den Menschen der eine Zeit lang mit einem das Leben geteilt hat."

„Danke, ich freue mich für euch, dass ihr trotz des Verlustes ein so großes Glücksgefühl empfinden könnt. Das ist wahre Stärke." Malu winkte kurz und flog weiter durch die Nacht. Als er über das Feld flog, hörte er, wie jemand seinen Namen rief. „Hu hu, Malu, schau mal, hier in den Bäumen!"

Malu suchte die Bäume am Feld ab. Dann entdeckte er in einem Baum ein komisches Gebilde und als er darauf zuschwebte, sah er Cody, der mit seinem Kopf zwischen den Zweigen hervorlugte. Flink rauschte er hin. „Wow, was ist das denn, megacool."

Cody schaute ganz stolz. „Das ist mein Baumhaus, das hat Papa für mich gebaut, ich bin so glücklich, dass ich meine Angst überwunden und vor allem dass ich jetzt mehr Vertrauen in eine Sache habe. Ich finde es sooo coool hier und mir kann nix passieren, ich bin auf einem Baum und doch sicher, weil Papa es gebaut hat."

Malu grinste. „Jam Glück ist auch Vertrauen. Ich besuche dich sicher bald mit den anderen, dann kannst du eine Einzugsparty veranstalten.“

Cody winkte lachend Malu zu. Dieser flog lächelnd weiter. In Gedanken versunken merkte er gar nicht, wohin er flog, und plötzlich prallte er gegen etwas sehr Großes und kugelte zu Boden. „Aua, boah, was ist jetzt passiert?“ Er schüttelte seinen Kopf und schaute erst mal, ob mit seinen Schwingen alles gut war. Ok, perfekt, alles noch dran. Nur was war das, wogegen er geflogen war? Er schaute sich um, blinzelte, schaute nochmal genau hin. Auf dem Feld, das normalerweise immer leer war, stand jetzt mittendrin ein großes buntes Zelt. „Das gibt's doch nicht, wer stellt denn ein so großes Ding mitten in meine Flugbahn“, brummelte Malu vor sich hin. Vor ihm entstand ein Erdhügel und Galdur erschien. „Sag mal, Malu, führst du Selbstgespräche?“

Malu verdrehte die Augen. „Ich glaube schon, hast du das Zelt gesehen? Ich war gerade auf meiner Suche nach Glück, als ich dagegen flog. Es war plötzlich da und, kawumm, krachte ich dagegen.“

Galdur schnaubte. „Plötzlich wirklich nicht, sie haben es heute Nachmittag aufgebaut und ich hörte sie sagen, dass morgen Tiere kommen. Was da genau passiert, weiß ich auch nicht.“

Malu überlegte. „Also, da schau ich doch morgen Nacht mal vorbei, um zu sehen was hier geschieht. Sag mal, was ist Glück für dich?“

Galdur dachte über die Frage nach. „Also, wenn du mich so fragst, Glück kann alles sein, kurze Momente der Freude, schöne Erlebnisse, Liebe und eine bezaubernde Nacht und, und, und ...“

Malu lachte hell auf. „Genau, Glück ist der Moment, viele glückliche Momente wiegen alle anderen auf. Supi, das ist das, was Kalea auch empfand. Egal, was es auch für Kummer im Leben gibt, es kommt immer wieder ein Glücksmoment dazwischen."

Galdur buddelte sich wieder ein und Malu flog mit glücklichen Gedanken Richtung Höhle. Als er am Eingang bei Mirko vorbeikam, rief er ihn zu: „Mirko, da passieren komische Dinge auf dem Feld, da stehen Zelte und so. Da müssen wir morgen Abend unbedingt schauen, was da los ist."

Mirko winkte. „Ja, Malu, lass uns morgen Abend sehen, jetzt ruh dich aus."

Malu flitzte in die Höhle und rief Mirko zu: „Ist das Leben nicht schön, ich bin glücklich."

## Tiere haben auch ein Leben

Es war noch früher Abend, doch Malu hatte heute viel vor und er musste beizeiten los. Sophia flog schon vor den Eingang und wartete auf ihn. „Hallo Sophia, komm, lass uns beeilen, dass wir noch rechtzeitig am Feld sind, mal sehen, was da heute passiert."

Sophia winkte Mirko zu, der am Fels seine Netze webte, und dann flogen sie schon los. Die Sonne stand noch weit am Horizont, doch das war ihnen heute egal, denn sie wollten nichts verpassen. Als sie am Feld ankamen, staunten sie nicht schlecht. Viele bunte Wagen standen rund um das Zelt und Menschen liefen herum und schleppten Sachen durch die Gegend. Malu sah Galdur und flog zu ihm hin. „Hallo, hast du schon was mitbekommen was da passiert."

Galdur zuckte mit der Schulter. „Also Tiere habe ich keine gesehen, nur viele Gerätschaften und Menschen."

Malu überlegte. „Sophia, lass uns doch mal über den Platz fliegen, vielleicht entdecken wir etwas." Sie flogen los, zwischen den Wagen und Zelten hindurch und schauten sich alles an. Hinter einem bunten Wagen saß ein kleines Mädchen und wippte vor sich hin. Malu flog zu ihr. „Guten Abend, ich bin Malu, sag mir, was ist das hier alles?"

Das Mädchen schaute auf. Es hatte sehr asiatische Gesichtszüge sah fast wie ein Manga aus, schneeweiße Haut, schwarze lange Haare und sehr zierlich. „Hallo ich bin Yuki, schön, dich kennenzulernen. Das hier ist ein Zirkus, unser Zirkus, doch irgendwie will keiner unsere Vorstellung sehen, wir haben noch nicht eine Karte verkauft."

Sophia flog heran. „Also ich kenne Zirkusse, und das ist doch toll, viele Artisten, Clowns, Tiere ..."

Yuki unterbrach sie. „Das ist ja das Problem, wir haben keine Tiere mehr und ich bin daran schuld, und nun kommt keiner mehr in den Zirkus, da die Tiere fehlen.“

Malu schüttelte den Kopf. „Warum solltest du Schuld sein?“

„Ach meine Eltern lieben mich und uns gehört der Zirkus schon lange. Als ich vier Jahre alt war, fing ich an, mit den Tieren zu sprechen, und sie erzählten mir, dass sie so unglücklich wären, dass es ihnen keinen Spaß macht, hier aufzutreten. Ich verstand sie, denn auch ich fühlte mich eingesperrt und ich redete mit meinem Vater darüber. Papa sagte zu mir: *Jedes Tier hat ein Herz wie du und Gefühle wie du, wenn du dich eingesperrt fühlst, dann tun das auch die Tiere. Wenn du unglücklich bist, meine Tochter, dann werden wir uns von den Tieren trennen. Sie haben es immer gut bei uns gehabt, doch die Zeiten ändern sich und so werde ich ihnen einen Platz auf einem Gnadenhof besorgen.* Schon zwei Tage später brachten wir die Tiere weg. Es war ein schöner Platz, den wir fanden. Mein Herz war plötzlich frei und ich war glücklich. Doch dann machten wir unsere erste Vorstellung ohne Tiere und es kamen so wenig Menschen, das nächste Mal noch weniger und nun sind wir hier und haben noch keine Karte verkauft. Mama ist traurig, denn wir brauchen das Geld, es ist unsere Existenz.“

Sophia grübelte. „Verstehe ich nicht, wie kann man einen Zirkus von Tieren abhängig machen? Das zeigt wieder mal wie wirr Menschen denken. Sie zerstören den Lebensraum der Tiere, wünschen jedoch, dass wir ihnen Kunststücke vorführen vor lauter Freude darüber.“

Yuki schmunzelte. „Genau richtig, so denke ich auch, doch ich bin ein Kind und die Erwachsenen sehen es einfach nicht. Das Kind in ihnen ist vergraben und vergessen, das sie einmal waren."

Malu dachte nach. „Yuki, ich hab da so eine Idee, wir machen Zirkus."

Er flatterte auf und lachte. „Genau, wir sind Tiere, wir kennen Menschen, die noch Magie im Herzen haben und uns verstehen. Wir müssen einfach den sturen Menschen zeigen, dass Tiere in Freiheit anzusehen viel schöner ist."

Yuki verzog die Lippen. „Wie sollen wir das anstellen, ich kann ja schlecht eine Fledermaus auf einem Seil balancieren lassen."

Malu gluckste. „Nee, ich könnte nur daran baumeln, doch mal Spaß beiseite, schlag deinem Vater eine Mottoveranstaltung vor, er soll morgen Abend zur Großen Tierischen Naturshow einladen, den Rest organisieren wir."

Sophia lächelte. „Mir schwant, was du machen willst, dann komm, es gibt viel zu tun bis morgen Abend. Yuki, wir bringen die Menschen zum Umdenken, glaube mir, das schaffen wir."

Malu und Sophia stupsten Yuki an und flogen davon. „Komm, wir gehen zum alten Georg, er wird uns helfen und dann zu Cody und zu Jaro und Aylin. Ach, und Marion können wir auch ansprechen." Malu überschlug sich fast. „Ach und zu Zacharias und Lynn, die helfen bestimmt mit. Lass uns zu Imani fliegen, er kann alle unsere Freunde informieren – das wird ein Spaß – wir machen unseren eigenen Zirkus."

Die ganze Nacht waren sie unterwegs und informierten alle Freunde, die sie kannten. Todmüde fielen sie gegen morgen in den Schlaf. Malu träumte von der großen Manege und donnerndem Applaus.

Bizarre Farben wanderten über den Himmel. Es lag so eine Vorfreude in der Luft. Im ganzen Wald wimmelte es von Tieren die sich auf den Weg zum großen Feld machten. Malu flog über sie hinweg, grüßte rechts und grüßte links. „Schön, dass ihr alle dabei seid, das wird ein Spaß!“, rief er. Als er am Zirkuszelt ankam, war der Platz am Eingang mit Menschen voll, die hineinströmten.

Yuki lachte ihnen entgegen. „Schau mal, die Menschen sind gekommen. Papa war erst etwas skeptisch, doch ich habe zu ihm gesagt: Vertrau deiner Tochter, denk an ihr großes Herz.“

Als der letzte Mensch ins Zelt ging und die Klappe hinter ihm zufiel, strömten die Tiere aus dem Wald, dazwischen liefen Cody, Jaro, Aylin, Marion und Moja und Lynn war auch dabei. Lynn trat vor und wandte sich an die Tiere. „So, nun werden wir die Sache mal rocken. Ihr wisst alle, dass es viele Menschen gibt, die euch nicht verstehen, weil sie ihre Magie im Herzen verloren haben, deshalb werden wir für euch übersetzen. Verhaltet euch ruhig, bis ihr dran seid.“

Malu jubelte. „Boah, das wird ein Spaß.“

Im Zelt hörte man, wie die Musik spielte, dann trat Yukis Vater in die Manege. „Herzlich Willkommen zur Großen Tierischen Naturshow. Durch die Show führt euch meine geliebte Tochter Yuki!“

Ein Trommelwirbel erklang und Yuki betrat mit Sophia auf der Schulter die Manege. Applaus brach los. Sophia sah, dass viele bekannte Gesichter in den Reihen saßen, sogar Zacharias war hier. Yuki verbeugte sich vorsichtig, damit Sophia nicht runterfiel. „Herzlich Willkommen zur Großen Tierischen Naturshow. Was ihr heute hier zu sehen bekommt, seht ihr jeden Tag, wenn ihr mit offenen Augen durchs Leben geht. Schaut genau hin, nur so könnt ihr sehen."

Ein Trommelwirbel erklang. Als es still war, flog Sophia empor über die Köpfe des Publikums, dreht zwei Runden und ließ sich wieder auf Yukis Schulter nieder. „Ich möchte euch Sophia vorstellen, sie ist eine Eule. Sie schwebt lautlos durch die Nacht und fängt Mäuse und Kleingetier. Sie wird auch als Adler der Nacht bezeichnet. Als Krafttier steht sie für Weisheit und Klugheit. Wenn eine Eule lautlos durch eure Träume fliegt, hilft sie euch, im Dunkeln zu sehen und euren Weg zu finden. Sie ist ein einzigartiges Geschöpf, weich, anmutig und doch ein Raubtier."

Sophia flog noch eine Runde und diese wurde mit vielen Ahs und Ohs begleitet, dann ließ sie sich auf der Stange nieder, die in der Manege stand. Der Vorhang ging auf und Imani flog herein, drehte seine Runde und flog zu Yuki.

„Das ist Imani, ein Bussard. Er ist Wächter, Späher und Bote des Waldes. Sein Lebensraum erstreckt sich über Wiesen, Felder und Weiden. Als Krafttier bringt er Veränderungen in euer Leben. Wenn ihr seinen Ruf hört, könnt ihr auch beobachten, wie er jagt und wie er in der Luft seine Kreise zieht."

Imani flog knapp über die Köpfe hinweg und gesellte sich dann zu Sophia. Plötzlich entstand ein kleiner Tumult hinter dem Vorhang und Wisal rollte darunter hervor. Cody rannte hinter ihm her und versuchte seinen Schwanz zu packen. Yuki kicherte. „Das sind Wisal und mein neuer Freund Cody. Wisal ist ein Waschbär. Seinen Namen hat er dadurch, dass er sein Essen gerne immer wieder ins Wasser taucht. Er ist ein lustiger Geselle und lebt in Misch und Laubwäldern. Als Krafttier zeigt er uns, wie wir vertrauen können, ohne zu sehen, und wie man glauben kann, ohne zu wissen. Er holt unser inneres Kind wieder ans Tageslicht, denn er ist sehr verspielt. Nennen wir ihn den Clown unter den Tieren."

Wisal tollte um die Manege und das Publikum lachte, denn er stolperte und rollte immer wieder vom Manegenrand. Cody lüpfte den Vorhang und herein kam Hope mit ihren Kindern. Cody stellte sie vor. „Das ist Hope, die Rotfüchsin, mit ihren Kindern Adia und Liam. Viele halten sie für gefährlich, doch haben sie mehr Rechte als der Mensch, in unseren Wäldern zu leben. Der Fuchs verkörpert Wildheit und Klugheit. Als Krafttier hilft er uns, unser Leben aus einer anderen Perspektive zu betrachten, um unseren Weg fortzusetzen. Der Vater der Kleinen wurde von uns Menschen gejagt und getötet, weil wir eine Gefahr in ihm sahen. Keiner dachte darüber nach, dass er eine Familie hinterließ. Doch auch in der Tierwelt gibt es Zusammenhalt und so haben die drei es geschafft."

Hope schritt wie eine Königin durch die Manege und ihre Kinder rollten spielend am Boden. Aus dem Publikum hörte man es flüstern. „Schau, sind die nicht süß" … und „Oh wie traurig…"

Ein Rauschen und schrille Pfiffe erklangen ‚als zwei Vögel in das Zelt flogen. „Das sind Basma, der Specht, und Alvin, der Eichelhäher. Beide sind sie heimisch mitten unter euch. Wenn ihr in euren Garten schaut, werdet ihr sie entdecken. Denn sie lieben die Siedlungen von Menschen und wenn ihr es schlau anfangt, lassen sie sich so gar zu euch nieder. Als Krafttier Specht trommelt er, weil er eure Aufmerksamkeit erregen möchte, dass die Mutter Natur ihren Höhepunkt erreicht, und so auch ihr. Denn alles, was den Tieren und der Natur geschieht, wird auch den Menschen geschehen", sagte Yuki und Cody redete weiter.

„Als Krafttier Eichelhäher sagt er uns, dass wir Veränderungen kritisch betrachten sollen. Er wird auch Wächter des Waldes genannt."

Beide flogen auf und ließen ihre Töne erschallen. Die Zuschauer waren wie gefesselt. Dann kam Yukis Vater herein, auf seinem nackten Oberkörper krabbelte Mirko und Claudio lag auf seinem Arm. Yuki ging zu ihm und strahlte ihn an. „Das ist mein Papa", lachte sie und alle lachten mit. „Kleiner Scherz am Rande, also, das ist Mirko, die Spinne, er ist ein nützlicher Geselle und ein großer Künstler. Er webt Netze mit seinem kleinen Körper, die fantastisch gewebt sind. Als Krafttier wird er der Weber genannt, denn er webt die Schicksalsfäden. Bevor ihr eine Spinne aus euren Häusern und Gärten entfernt, schaut euch mal das Netz genau an, es ist eine beachtliche Baukunst und wenn ihr früh morgens den Tau darauf seht, glitzert es wunderschön."

Yukis Vater nahm vorsichtig Claudio auf die Hand. „Das ist Claudio, ein Feuersalamander, dieser eine hier hat überlebt. Eine schwere Seuche, verursacht durch uns Menschen, weil wir am Klima rumpfuschen, hat seinen Rücken gelähmt. Doch seht selbst, auch wenn er sehr klein ist, hat er gekämpft. Als Krafttier zeigt er uns, das wir auf unser inneres Feuer hören sollen. Er kommt als Retter in brenzligen Situationen zu uns."

Die Zuschauer standen auf und riefen: „Ein Hoch auf den kämpferischen kleinen Kerl!"

Yuki traten die Tränen in die Augen und sie blinzelte ihrem Vater zu. „Siehst du, wie begeistert sie sind, ja die Magie der Natur zeigt ihre Wirkung", flüsterte sie.

Ein lautes Schwirren und Pfeifen kündigte den Schwarm Schwalben an. Gefolgt von Aylin kamen sie in die Manege. Aylin räusperte sich. „Das sind Schwalben und unter ihnen fliegt die glücklichste Schwalbe der Welt, Kalea. Als Krafttier fliegt die Schwalbe in euer Leben und so zeigt sie euch eine Zeit des Neubeginns und eine Wendung in euren Leben an. Fliegen Schwalben hoch, wird es schönes Wetter bleiben, fliegen sie tief, gibt es schlechtes. Sie sind wie Wetterfrösche der freien Natur. Beobachtet ihren Flug, es ist sehr schön, wenn sie durch die Luft segeln."

Aylin drehte sich um und sah, wie Jaro den Vorhang öffnete und eine große Kiste hereinschob. Vorne war Glas, sodass die Zuschauer sehen konnten, was darin war. Doch sie sahen nur Erde. Jaro klopfte an die Scheibe und Galdur grub sich empor. Viele Ohs und Ahs ertönten wieder.

„Das ist Galdur, ein Maulwurf. Er lockert Mutter Erde, dass sie atmen kann, und als Krafttier bringt er euch alles Verborgene ans Licht", sagte Jaro.

Unter dem Vorhang flitzte Saira herein. Cody übernahm die Vorstellung. „Das ist Saira, ein Eichhörnchen. Es sind lustige Gesellen, die im Wald, in Gärten und auch Siedlungen zuhause sind. Man kann sich an ihrem Spielen und Tollen kaum satt sehen. Als Krafttier verhilft es uns Erleichterung und Lebensfreude zu erlangen."

Ein Trommelwirbel erklang und das Licht wurde gedämmt. Alle wurden still. Irgendetwas flog durchs Zelt jedoch sah es keiner richtig. Es war einfach zu schnell. Dann ging der Spot an und beleuchtete mitten in der Manege eine Stange, von der ein Kokon hing. Yuki ging darauf zu. „Das ist Malu." Trommelwirbel ... Malu entfaltete seine ledrigen Schwingen. „Malu ist eine Fledermaus, ein Freund, ein Kumpel, ein Retter und Fänger. Malu ist alles, was er für euch sein soll. Als Krafttier steht er für die Wiedergeburt und die Unendlichkeit." Wieder ein Trommelwirbel. „**JEDER SOLLTE EINEN MALU IM LEBEN HABEN!**“, schrie Yuki hinaus. Im Zelt brach donnernder Applaus los. Alle standen auf. Lynn und Moja kamen mit dem Rest der Tiere in die Manege. Da flogen viele verschiedene Vögel durchs Zelt, kleine Feldmäuse flitzten herum und sogar Lucky, der Mischlingshund, war unter ihnen. Lynn hob die Hand. „Das sind die Tiere des Waldes, Gillian Anderson hat einmal zitiert: **Tiere können nicht für sich selbst sprechen, und deshalb ist es so wichtig, das wir die Stimmen für sie erheben und uns für sie einsetzen**. Das sind so wahre Worte.“

Moja trat vor. „**Wer die Not der Tiere nicht sieht, wird auch die Not der Menschen nicht sehen**.“

Dann trat Marion vor. „Schaut euch die schönen Wesen an, kraftvoll, majestätisch, viele sagen putzig, anmutig und stark, sie sind die wichtigsten Bewohner der Erde, ihr Lebensraum ist die Natur. Nur wenn sie frei sind, können sie glücklich sein und unsere Herzen jeden Tag erfreuen, wir müssen nur die Augen öffnen.“

Yuki schaute ernst das Publikum an. „Wir können im ganzen Leben nicht wiedergutmachen, was wir den Tieren angetan haben. Doch wir können versuchen, sie zu verstehen und zu akzeptieren, dass sie nicht dazu da sind, uns zu belustigen in Zelten und in Käfigen. Denn nur ein freies Tier hat Magie.“

Das Licht wurde noch einmal gedämpft, es war stockdunkel, alle wurden ruhig. Dann erleuchteten tausende von kleinen Lichtpunkten das Zelt. Sie schwirrten umher, tanzten durchs Dunkel, es kamen viele Ahs und Ohs. Yuki sprach leise. „Dies sind Glühwürmchen, so winzig sie auch sind, sind sie Krafttiere. Sie bringen uns Licht ins Dunkel und für uns sind sie Seelen der reinen Herzen. Wenn ihr sie seht, erleuchten sie eure Herzen und bringen euch Frieden."

Plötzlich rauschte es vorm Zelteingang und Yukis Vater rannte hin, um zu öffnen. Nur die Glühwürmchen erhellten das Zelt, als sie erschienen, die Könige der Lüfte, Alain und Abahya glitten durchs Zelt. Alles schaute in Ehrfurcht nach oben. „Wir sind Geisteradler, nur die, die reiner Seele sind und ihre Magie im Herzen haben, können uns sehen und hören."

Malu schaute in die Menge. Er sah viele feuchte Augen, die mit Hingabe die beiden Geisteradler bewunderten. Ja, es gab sie noch, die Magie, sie musste nur hervorgelockt werden. Langsam lösten sich die Adler auf, zurück blieb ein stilles Publikum. Das Licht wurde wieder heller und beleuchtete die Manege. Dann plötzlich kam großer Applaus. Er wollte gar nicht enden. Die Tiere flogen und krabbelten mitten zwischen den Zuschauern und ließen sich streicheln. Malu lachte und flatterte zu Yuki.

„Siehst du, nun werden sie die Tiere im Zirkus nicht mehr vermissen, denn nun kennen sie uns und wissen, wie sie uns beobachten und sehen können. Wenn sie jetzt in den Zirkus kommen, dann wegen der Artisten."

Langsam leerte sich das Zelt, die Menschen gingen in tiefen Gedanken nach Hause. Die Tiere waren glücklich, so hatten sie doch heute ihre ganz besondere Vorstellung.

**„Das Tier hat ein fühlendes Herz wie du. Das Tier hat Freude und Schmerz wie du. Das Tier hat einen Hang zum Streben wie du. Das Tier hat ein Recht zu leben wie du – frei und glücklich."**

P.Rosegger, ca.1862

## Der Blick in den Spiegel

Mirko war wieder mal fleißig am Weben. Denn es hatte den ganzen Tag geregnet und seine Netze glitzerten. Er mochte es, wenn die Abendsonne das Bauwerk beleuchtete. Heute Abend war es besonders schön. Durch die Regentropfen sah es aus, als wären viele Kristalle reingearbeitet. Er war so in seiner Arbeit und Bewunderung vertieft, dass er nicht mal mitbekam das Malu im Anflug war. „Hey, was ist das?"

Malu schüttelte sich überall, an ihm klebten Fäden. „Also wirklich, Mirko, du musst schon einen kleinen Durchgang lassen daas ich rausfliegen kann. Du kannst doch nicht den ganzen Eingang zu weben." Er schüttelte den Kopf.

Mirko schimpfte. „Menno, jetzt hast du das beste Netz zerstört, sei froh, dass ich dich nicht eingewebt habe."

„Mirko, ich weiß, dass du das Glitzern liebst, doch so viel auf einmal, also wirklich, das geht nicht", sagte Malu.

Mirko jauchste: „Ok, doch es sah lustig aus, als du hinein geflogen bist", Mirko lachte schallend. „Ich webe einfach was Neues."

Malu lachte mit. „Ich finde es schön, dass du mir nicht böse bist, dass ich es zerstört habe, doch ich habe einfach nicht daneben durchgepasst."

Mirko kicherte noch mehr. „Nee, dazu hättest du ne Maus ohne Fleder sein müssen." Mirko bekam sich gar nicht mehr ein.

„Also wirklich, du bist mir ne Marke, so lieb ich dich, mein Freund. Doch jetzt fliege ich los, nach den Erlebnissen gestern möchte ich mal schauen, was in der Menschensiedlung los ist."

Er winkte Mirko zu, dieser lachte immer noch, und flatterte davon. Malu segelte durch den Wald, über das große Feld, das mittlerweile wieder leer vor ihm lag. Der Zirkus war weitergezogen. Es blieben nur die schönen Erinnerungen zurück. Doch das war viel wert. Als er in der Siedlung ankam, hörte er schon von weitem laute Stimmen. Was war da los?, fragte er sich. Als er näher flog, sah er den alten Georg in seinem Garten stehen und sich mit seinem Nachbarn unterhalten, über den Zaun hinweg. Naja, der Nachbar schrie und Georg … es sah so aus, als reinigte er sich seine Hände. Ein komisches Bild.

Malu flatterte um Georg herum, dieser schaute auf. „Ah Malu, schön, dass du kommst." Dann drehte er sich um, ließ seinen Nachbarn stehen und ging mit Malu zur Veranda. Dort setzte er sich. Sein Nachbar schrie immer noch und ging dann grummelnd davon.

„Was war mit ihm los, warum hat er so geschrien?"

Georg schmunzelte. „Weißt du er findet immer etwas zu meckern und zu mosern. Heute war es mein Insektenhotel, die Bienen stören ihn. Gestern war meine Hecke nicht richtig geschnitten und vorgestern besuchten mich Adia und Liam, die Füchse, da meinte er, ich würde ihm die Seuche in Form vom Fuchsbandwurm herbei bringen. Ach, und die Einfahrt habe ich auch falsch gefegt. Er findet immer etwas."

Malu schüttelte den Kopf. „Traurig, dabei hast du es hier so schön, es ist das reinste Paradies für die Natur und uns Tiere. Warum ist dein Nachbar wohl so gemein?"

Georg schmunzelte. „Nein, Malu, gemein ist er nicht, nur sehr unzufrieden mit sich selbst. Ich denke er kommt mit sich selbst nicht klar und so sucht er immer wieder einen Grund, seiner Unzufriedenheit Luft zu machen."

„Meinst du? Wie doof ist er denn, wenn er sich über etwas beschwert, dass er doch eigentlich gar nicht so schlecht findet?“

„So sind manche Menschen, sie suchen jede Kleinigkeit bei anderen um ihre, tja nennen wir es Einsamkeit, zu überwinden.“

Malu grummelte. „Das ist doch nicht fair, du kannst doch nix dafür, dass er sich nicht wohlfühlt und trotzdem musst du dir seine Vorwürfe und sein Schimpfen anhören.“

Lautlos schwebte Imani, der Bussard, herbei. „Guten Abend, Georg, na hat dein Nachbar wieder Langeweile? Ich habe es beobachtet.“

Georg lachte. „Wisst ihr, irgendwie tut er mir Leid. Wie kann er seine Zeit damit verbringen, immer so wütend zu sein? Dadurch verliert er so viel Zeit, schöne Dinge zu fühlen.“

Imani schnaubte. „Das kannst jetzt auch nur du sagen, doch du hast recht, viele Menschen sind so. Ich glaube auch, dass es eine Sache des Inneren ist. Er fühlt sich nicht wohl, hat deswegen wohl eine Wut auf sich selbst, ist sicher auch einsam und wer beschimpft sich schon selbst?“

Malu feixte. „Klar, stell dich vor den Spiegel und schrei dich an, ginge doch. Dann müssten nicht andere leiden.“

Georg musste auch wieder lachen. „Wäre ne Möglichkeit, doch wer macht das schon und glücklich macht dich das auch nicht.“

Alle drei saßen überlegend zusammen. „Mmh, doch dir tut es doch auch weh, wenn er so ist,“, sagte Malu.

Georg seufzte. „Klar ich gebe zu, ich habe mich am Anfang immer sehr darüber geärgert, war verletzt und habe die Schuld bei mir gesucht. Ich habe an mir gezweifelt, an den Dingen, die er mir vorwarf. Oft dachte ich so, wenn doch ein Außenstehender so etwas sagt, dann muss doch was dran sein."

Imani schaute Georg an. „Das glaube ich dir, es tut sicher sehr weh, wenn man immer wieder so etwas hört."

Wieder saßen sie eine ganze Zeit schweigend zusammen. Malu holte Luft. „Du hast gerade gesagt, am Anfang hast du dich auch darüber geärgert und hast an dir selbst gezweifelt, und jetzt, warum jetzt nicht mehr?"

Georg schaute Malu an. „Als ich feststellte, dass es nicht an mir lag, also so viel konnte einfach nicht verkehrt sein, was ich tat, habe ich mir Zeit genommen und ihn beobachtet. Dabei fiel mir auf, dass er sehr selten Besuch bekam und fast nie wegging, außer zum Einkaufen. Das ließ mich nachdenken. Er besitzt eine schöne Terrasse, ist jedoch selten draußen. Das machte mich nachdenklich."

„Das ist mir auch schon aufgefallen. Wenn ich meine Kreise ziehe und hier vorbeikomme ist er immer alleine. Dich besuchen deine Kinder, andere Freunde oder wir Tiere, nur bei ihm herrscht Stille", sagte Imani.

Georg lächelte. „Genau so ist es. Ich stellte fest, dass er sehr einsam sein muss. Klar gibt es Menschen, die gerne alleine sind, jedoch glaube ich das nicht, dass er wirklich gerne alleine ist. Wenn er etwas findet, über das er sich aufregen kann, dann ist das für ihn, als würde er ein Gespräch führen. Ich habe schon mal versucht, ihn auf eine Tasse Kaffee einzuladen, doch das wollte er nicht."

Malu schüttelte den Kopf. „Da machst du ihm ein Angebot, obwohl er böse zu dir ist, und er kapiert es nicht."

Wieder saßen sie schweigend nebeneinander. Lautlos schwebte Sophia herbei. „Guten Abend, was sitzt ihr so trübselig hier herum?"

Malu zuckte mit den Flügeln. „Ach es gibt ein Problem mit Georgs Nachbarn, er scheint echt einsam zu sein, doch wie er Georg unbewusst mit Worten verletzt, ist nicht richtig. Georg sagt zwar, es macht ihm nix mehr aus, doch das verstehe ich nicht."

Sophia seufzte. „Ja, Menschen können verletzend sein, doch wichtig ist immer, wie man damit umgeht. Leider gibt es viele, die ihre innere Unzufriedenheit an ihrem Gegenüber auslassen. Es gibt nur eine Möglichkeit und die ist immer nur lächeln und winken. Man sagt auch den Wind aus den Segeln lassen."

„Boah, wie ist das wieder gemeint?", fragte Malu.

„Georg macht es richtig. Wenn sein Nachbar schimpft oder meckert, dann schweigt er dazu und wichtig ist, dass er keine Antwort gibt, denn das führt zu einem noch heftigeren Ausbruch. Er nimmt es einfach so hin, weil er weiß dass sein Nachbar gar nicht anders kann."

„Na toll, das tut Georg trotzdem weh", sagte Malu.

Georg lächelte. „Weißt du Malu, ich denke jetzt anders, wichtig ist nur, was ich tue und denke. Was andere von mir denken, ist nicht wichtig. Wenn ich mir alles zu Herzen nehmen würde, was er sagt, dann würde es mir auch schlecht gehen und dazu ist mein restliches Leben zu kurz. Wenn ich mir nicht dieses dicke Fell angeeignet hätte, was wären meine wenigen Tage noch wert, die mir hier auf Erden bleiben? Ich würde Stunden damit verbringen, nach seiner Pfeife zu tanzen, denn das würde ich tun. Die Hecke gerade schneiden die Einfahrt anders fegen und so weiter. Das sind kostbare Stunden, die ich viel besser verbringen kann. Also lass ich ihn meckern, da ich es ihm eh nicht recht machen, kann ist es doch egal, wie ich es mache. Zeit ist mein kostbarster Besitz, die verschwende ich nicht mit Banalitäten."

Sophia grinste. „Genau die richtige Einstellung dazu, dein Leben ist wichtig, man darf sich nicht von anderen runterziehen lassen. Das ist eine Sache des Umdenkens. Verletzen kann man nur jemanden, der sich verletzen lässt."

Imani schaute auf. „Kann man nicht versuchen, den Nachbarn dazu zu bringen, sein Geläster unter Kontrolle zu bringen?"

Sophia schüttelte den Kopf. „Es ist die Entscheidung von jedem einzelnen, ob er einsam sein will oder nicht. Viele merken mit der Zeit, dass es doch keinen Spaß macht, vor allem dann, wenn man ihnen die Luft entzieht, die das Feuer entfacht. **In jeder Minute, die du im Ärger verbringst, verlierst du 60 Sekunden deines Lebens**. A. Schweitzer. Rechne das mal hoch. Nennen wir es eine Krankheit, wenn Menschen so sind. Wie wir damit umgehen, ist jeden Einzelnen überlassen. Georg möchte seine noch verbliebene Zeit glücklich verbringen. Deshalb lächelt er und wünscht noch einen guten Tag. Denn wichtig ist, was er fühlt, nicht, was sein Nachbar will, das er fühlt."

Malu schmunzelte. „Naja, da hast du recht. Warum soll man die Zeit damit verbringen, sich zu ärgern über etwas, worauf man eh keinen Einfluss hat? Dann lieber lächeln und winken." Sophia und Georg lachten. Malu überlegte. „Doch was ist, wenn er es anderen erzählt, woanders über Georg lästert oder sich auslässt, weil er ja der Meinung ist, dass er im Recht ist. Das ist doch noch schlimmer."

Georg stupste Malu an. „Malu, Menschen, die mich kennen wissen, wie ich wirklich bin, und nur die sind in meinen Leben wichtig. Die Menschen, die so etwas glauben würden, die brauche ich nicht in meinem Leben, denn sie sind wie dunkle Wolken. Wenn sie verschwinden wird es ein wundervoller Tag."

Imani grinste. „Ehrlich Georg, deine Einstellung ist krass, jedoch richtig, dafür bewundere ich dich. Doch ich denke auch, dass es megaschwer ist, sich so ein dickes Fell anzueignen."

Georg schmunzelte. „Nein, eigentlich nicht, ich habe nur in den Spiegel gesehen und dort siehst du das Gesicht, das für dein Leben verantwortlich ist. Dann blickst du auf dein Leben und deine Tage, die du noch vor dir hast, dann geht das alles von ganz alleine. Jetzt schmunzle ich nur noch darüber, lächle und winke, wie Sophia so schön sagte. Es ist nicht meine Aufgabe, ihm Luft für sein Feuer zu geben. Wichtig sind ich und meine Zeit, die ich glücklich und zufrieden mit Menschen und Tieren verbringen möchte, die mich kennen und lieben."

Sophia spannte die Flügel. „Malu, hast du es jetzt verstanden, worauf es ankommt?"

Malu nickte. „Wisal würde es so ausdrücken: Ärgere dich nicht darüber, wenn dir ein Vogel auf den Kopf macht, sondern freu dich darüber, dass Elefanten nicht fliegen können."

Alle fingen herzlich an zu lachen.

„Ja, Malu genau so, und was am wichtigsten ist, verliere nie das Leben aus den Augen. Wichtig sind nicht die Jahre, die man lebt, sondern das Leben in den Jahren." Imani flog auf. „Und echte Freunde", rief er im Wegfliegen.

Georg lächelte. „Genau, das ist am wichtigsten, wertvoller als alle Diamanten der Welt."

Sophia und Malu flogen auf, drehten sich noch einmal um und riefen synchron: „Lächeln und winken…!"

Georg lachte und lachte, bis ihm die Tränen runterliefen. Er war glücklich, denn er hatte den wertvollsten Besitz den man im Leben erreichen kann – Freunde.

Malu und Sophia flogen zur großen Eiche. „Weißt du, Sophia, es geht immer alles auf das gleiche raus. Glücklich sein, echte Freunde haben und Vertrauen zu sich selbst, um sein Leben zu erleben und nicht nur zu leben."

„Malu, das ist richtig, alles fängt damit an, dass man merkt, dass man selbst für den Inhalt seines Lebens verantwortlich ist. Wenn wir uns nicht wohlfühlen oder uns ärgern oder Wut haben, dann sind wir selbst dafür verantwortlich. Genauso, wenn wir glücklich sind, Freude haben und zufrieden sind. Welchen Weg wir einschlagen, liegt an jedem selbst."

Beide saßen sie noch lange zusammen, bis sich der Mond verzog und die ersten Strahlen der Sonne hervorlugten. Es war wieder eine sehr schöne Nacht mit vielen neuen Erkenntnissen. Malu flog langsam zurück zur Höhle, er brauchte Zeit zum Nachdenken. **Das Leben ist wirklich nicht einfach, doch wenn wir das Richtige daraus machen kann es wunderschön sein**, dachte er so bei sich.

## Von Bienen und Blumen

Malu wollte heute Abend nicht rausfliegen. Er hatte zu viele Gedanken im Kopf. So flog er nur zu Mirko, der wie immer am Eingang seine Netze webte. „Was ist los mit dir, heute keine Lust, rauszufliegen?“, fragte er.

„Weißt du, Mirko, ich habe mir gedacht, ich mache heute Nacht mal einen ruhigen und fliege erst gegen morgen raus. Klar liegt das nicht in meiner Natur, doch ich möchte mal sehen, was am Morgen so los ist. Die Nacht ist sehr schön und ich liebe sie, doch den Tag kenne ich nicht. Ich habe beschlossen, diese Bildungslücke zu schließen“, sagte Malu.

Mirko grinste. „Naja, ich kenne den Tag und ich kann dir sagen, er hat genau wie die Nacht wunderschöne Seiten. Die Tiere des Tages sind wie die Tiere der Nacht, nur dass sie das Licht der Dunkelheit nicht kennen. So wie die Nachttiere das Licht des Tages nicht kennen.“

Malu dachte darüber nach. „Manchmal muss man einfach seine Neugier befriedigen und ich bin neugierig.“

Mirko lächelte. „Ok, dann lass uns Sophia rufen, dann können wir alle drei den Morgen genießen und sehen, was so los ist, wenn die Sonne am Horizont erwacht.“

Es dauerte nicht lange und Sophia flog herbei. „So, ihr wollt also den Morgen sehen. Ich kenne den Tag, doch ich bin gerne bereit, euch zu begleiten. Mal sehen, wo wir hinfliegen.“

Malu überlegte. „Ich würde gerne zur großen Wiese fliegen, ich habe noch nie die Blumen mit offenen Kelchen gesehen. Immer wenn wir nachts darüber fliegen, sind sie am schlafen und halten ihre Kelche geschlossen.“

Sie saßen die ganze Nacht beisammen und warteten auf den Morgen. Als es langsam in die Morgendämmerung überging, flogen sie, mit Mirko im Gepäck, in Richtung der großen Wiese. Dort ließen sie sich auf dem Baum, der auf der Wiese stand, nieder. Die Sonne zeigte ihre ersten Strahlen und tauchte den Himmel in eine rote Wunderwelt. Es war so schön, es mitanzusehen. Malu standen Tränen in den Augen. „Schaut, das ist wie die Abendröte, nur dass sie noch mehr Kraft hat. Es ist genau so ein herrlicher Anblick."

Sophia lachte. „Was hast du erwartet, der Morgen wie der Abend gleichen sich sehr, höre die Stille und wie die Vögel mit ihrem Lied erwachen, mit dem gleichen, mit dem sie Abends einschlafen."

Voller Faszination beobachtete Malu alles. Plötzlich spitzte er die Ohren. „Hört mal, da ist ein Geräusch, das ich nicht kenne, ein Brummen."

Mirko lauschte. „Oh, schau es ist so weit, beobachte die Blumenkelche, sie öffnen sich für den Tag und lassen ihren Duft in den Morgen."

„Wow ich rieche es, und ich sehe es, sind sie nicht wunderschön? Doch warum brummen sie?", fragte Malu.

Sophia schmunzelte. „Das sind nicht die Blumen, das sind die Bienen und Hummeln, die nun ihren Arbeitstag beginnen. Sie sammeln den Nektar aus den Blühten, bringen ihn in ihr Zuhause und dort entstehen die Honigwaben."

Malu schaute begeistert. „Boah, cool, ich wollte schon immer mal zu ihnen guten Tag sagen, denn ich habe schon viel über diese fleißigen Bienchen gehört. Kommt, lasst uns mal sehen, ob eine Zeit für uns hat." Malu war voller Tatendrang und hängte sich an den untersten Ast über der

Wiese. „Hallo, hat jemand Zeit für mich? Ich bin Malu und würde mich gerne mit euch unterhalten“, rief er.

Es dauerte nicht lange und eine Biene flog herbei. „Hallo Malu, ich bin Trisha, gerne nehme ich mir die Zeit, mich mit dir zu unterhalten.“

„Wow du bist so cool, so klein und doch leistest du so große Arbeit.“

Trisha seufzte. „Ja, das mag wohl sein, doch wir sterben langsam aus. Unsere Völker werden immer kleiner, weil es nicht mehr genug Blumen gibt.“

„Das verstehe ich nicht, es gibt doch Blumen in Hülle und Fülle.“

Trisha schmunzelte. „Wir brauchen aber besondere Blüten, Blüten mit zugänglichen Kelchen, Blüten, die nicht mit Gift bespritzt sind, Blüten, die wir befruchten können, sodass wieder neue entstehen und Früchte daraus wachsen.“

Malu schaute Sophia an, Sofia atmete durch. „Es liegt wieder mal am Menschen, es werden einfach zu viele Blumen gezüchtet, die zwar sehr schön aussehen, jedoch keine offenen Kelche haben, damit Trisha und ihre Familie den Nektar entnehmen können. Des weiterem spritzen sie ihre Obstbäume gegen Schädlinge, bedenken jedoch nicht, dass dieses Gift auch die Blüte angreift und somit für die Sammler ungenießbar wird. Daraus folgt, dass die Blüten nicht bestäubt werden und die Früchte, wenn überhaupt, verkümmert wachsen.“

Malu grummelte: „Menno, das ist wieder mal typisch doof von den Menschen.“ Als er so am Ast hin und her schwang, sah er neben sich etwas sehr Schönes erscheinen.

„Oh wer bist du?“

Trisha schaute dem Besuch entgegen. „Das ist auch ein Sammler, das ist Laini, ein Schmetterling. Hallo Laini, bist du auch wieder am Sammeln?“

Laini ließ sich neben Malu nieder. „Ich will es mal wagen, doch man muss so aufpassen, dass man nicht eine der Blüten erwischt, die aus gebeizten Samen entstanden sind. Ich habe gehört, dann kann man seine Erinnerungen verlieren.“

Trisha schaute traurig. „Ja, das ist gefährlich, man verliert seine Orientierung und findet nicht mehr in seinen Bau zurück. Wir haben deswegen schon viele Brüder und Schwestern verloren.“

Malu schaute entsetzt. „Was? So etwas tun die Menschen? Sie infizieren euch mit Krankheiten, nur damit sie schöne Blumen haben?“

Sophia schaute auf. „Malu, wie immer merkte es erst der Mensch, was für Auswirkung seine Aktion hatte, wenn es zu spät ist. In erster Linie wollten sie die Pflanzen kräftiger machen und Schädlinge davon abhalten, ihre Ernte zu vernichten.“

„Menno, einfach nur doof. Doch es wird doch viel geerntet, also muss es auch noch viele Sammler geben, die bestäuben.“

Laini sagte: „Weißt du, sie züchten Honigbienen zum Bestäuben ihrer Gewächshäuser und Felder, manche Bestäuben sogar selbst per Hand. Das Problem ist nicht, dass es nicht genug Sammler gibt. Denn der Mensch versucht alles, um seine Bienenstämme zu erhalten. Doch es geht hier um Trisha und ihre Familie, denn sie sind Wildbienen. Ihr Revier ist in freier Natur, sie haben kein künstliches Zuhause, sie müssen sich selbst eines bauen und versuchen zu überleben.“

Trisha schaute traurig. „Viele Menschen sehen uns als lästiges Insekt an und wollen uns nicht in ihren Gärten haben. Dabei sind wir diejenigen, die ihre Blumen erstrahlen und ihr Obst und Gemüse zum Leben erwachen lassen."

Mirko seilte sich ab. „Ich kenne viele, die extra Bienenhäuser in ihren Gärten aufgestellt haben, wie zum Beispiel Georg. Er hat sogar mehrere."

Trisha lachte. „Ja, das ist super, dass es Menschen gibt, die uns helfen, leider sind es viel zu wenige. Nur weißt du, wir Wildbienen leben in erster Linie solitär, also wir bilden keine Staaten wie die Honigbienen. Wir leben in sehr kleinen Gruppen, viele sogar als Einzelgänger, und umso schwerer ist es, eine Umgebung zu finden, wo wir genug Nahrung finden und auch noch einen Platz zum Wohnen."

Laini schaute sich um. „Schau mal, da kommt Maddox angerauscht. Hallo Maddox, komm mal rüber zu uns."

Malu machte große Augen „Also am Verhungern ist er nicht."

Trisha gluckste. „Maddox ist auch eine Hummel und keine Biene, die sind von Natur aus sehr kugelig."

Maddox landete und faltete seine kleinen Flügel an den Körper. „Hallo miteinander, über was redet ihr?"

Malu schaute ihn an. „Darüber, dass die Wildbienen in Gefahr sind und wieder mal der Mensch daran schuld ist."

Maddox grummelte. „Das Thema ist immer wieder aktuell, auch wir Hummeln haben es schwer. Wir ernähren uns nur von Nektar und Pollen und es gab schon Sommer, da starben viele von uns am Verhungern. Da wir wie Trisha als Lebensraum in erster Linie die freie Natur haben, haben wir es sehr schwer. Viele Ackerbauern mähen ihre Ränder kahl und so gibt es weniger Wildblumen, die jedoch unsere Nahrungsquellen waren. Vieles wird zugepflastert, damit überhaupt nix mehr wächst. Wenn du keinem Zuchtvolk angehörst, bist du wirklich arm dran."

Trisha seufzte. „Das Problem ist auch, dass keiner gerne unsere Nester im Garten haben will, wir sind gefährlich, dabei wehren wir uns nur, wenn man uns angreift. Da ist die Honigbiene schon eher geduldet, denn sie fliegt ja wieder zu ihrem Bienenkasten. Wir Freilebenden werden dabei einfach vergessen."

Sophia schüttelte die Flügel aus. „Maddox, deine Gattung lebt auch in einem Staat zusammen und sicher habt ihr es auch schwer, ein passendes Nest zu bauen, wo ihr nicht stört. Viele lassen keine Ecke mehr frei in ihrem Garten, damit ihr Unterschlupf findet, und hier auf den Wiesen ist es auch schwer. Doch trotz allem fliegt ihr jeden Tag wieder aufs Neue los und sucht euch Nektar und Pollen."

Maddox lachte. „Klar, warum auch nicht, das ist unser Lebenszweck, was anderes können wir nicht. Wir können nicht das Gestern ändern und das Morgen … darüber brauchen wir uns noch keine Sorgen machen, denn das ist noch nicht da. Wichtig ist das, was jetzt im Augenblick passiert."

Malu schaute wissend. „Du hast eine gesunde Einstellung, klar ist alles traurig, was passiert und was der Mensch gemacht hat, doch du hast recht, wir können nix daran ändern, was passiert ist, nicht mal der Mensch kann das. Er kann jetzt nur gegen den entstandenen Schaden etwas tun."

Mirko hustete. „Wisst ihr, das ist alles richtig, doch was ich nie verstehen werde, ist, dass bei diesen Menschen, die sie Regierung nennen, wenn sie erkannt haben, dass etwas falsch war, bis sie es zum Guten umsetzen immer so viel Zeit vergeht. Es wird diskutiert, was man machen kann und muss, dass zum Beispiel die Sammler wieder mehr gesunden Lebensraum haben, doch an der Umsetzung scheitert es gewaltig."

Sophia lächelte. „Ja, Jahre später soll es dann umgesetzt werden, darüber schimpft immer Lynn."

Laini schaute alle an. „Maddox hat recht, wir Sammler können uns nicht um das Vergangene sorgen und auch nicht um das, was morgen ist, unsere Lebensspanne ich nicht sehr groß, deswegen müssen wir den Augenblick leben und auf denjenigen vertrauen, der uns unsere kurze Lebenspanne so angenehm wie möglich macht."

Maddox schaute in die Runde. „Nehmt uns Hummeln als Vorbild. Laut dem aerodynamischen Gesetzen, die im Windkanal zu beweisen sind, können wir als Hummeln gar nicht fliegen. Unser Körper, Gewicht und unsere Form, im Verhältnis zu unserer Spannweite der Flügel passen einfach nicht zusammen. Und trotzdem fliegen wir. Wisst ihr auch, warum?"

Malu machte große Augen. „Warum?", fragte er.

Maddox flog auf und jauchzte. „Ganz einfach, weil es uns nicht interessiert, wir wollen fliegen, also fliegen wir. Darüber erst nachzudenken würde uns nicht weiterbringen, denn was zählt, ist der Augenblick, das Hier und Jetzt. Morgen schon könnte es vorbei sein mit uns Sammlern, doch heute ist wichtig, denn heute sammeln wir." Lachend flog er davon.

Trisha prustete auf. „Ich bin zwar nur eine Wildbiene, doch gehöre ich zur gleichen Gattung und so nehme ich mir dies zu Herzen, **Der Augenblick zählt**." Flugs flog auch sie zurück zu den Blumen.

Laini schwebte über die Wiese. „Macht's gut, auch ich lebe für den Augenblick, denn Schönheit ist vergänglich."

Malu schaute seine beiden Freunde an. „Was für eine Stärke in diesen kleinen Tagwandlern liegt. Wenn der Mensch das doch auch einmal sehen würde. Sie wissen um ihr Verderben, doch sie leben den Augenblick, einfach nur bewundernswert."

Sophia und Mirko nickten. „Komm, Malu, noch länger in der Sonne ist nicht gut für dich und du musst ein paar Stunden ruhen, bevor du dich wieder auf die Reise machst, Augenblicke zu finden." Sophia schnappte sich Mirko und sie flogen zur Höhle. Malu warf noch einen Blick zurück, in der Wiese schwirrte und brummte es und darüber flogen viele Schmetterlinge und funkelten in der Sonne. Es sah wunderschön aus. Doch eines machte ihm Sorgen. Was hatte Liani gesagt: „Schönheit ist vergänglich."

## Gegensätze finden

Mit Freude erwachte Malu und flog direkt zu Mirko. Heute war ein großer Abend, denn sie waren alle eingeladen. Es sollte ein Fest steigen, Codys Einzugsparty im Baumhaus. Voller Freude machten sie sich auf den Weg.

Die Sonne ging gerade unter und auf dem Weg begegneten sie Imani, dem Bussard, Basma, dem Specht, Alvin, dem Eichelhäher, Lisa, dem Falken, und vielen Gästen, die den Weg am Boden entlangkamen. Das würde ein Spaß werden. Cody erwartete schon seine Gäste zusammen mit Marion, Aylin und Jaro und Moja war als Aufpasserin dabei. Das war auch richtig so, man sollte so kleine Kinder nicht alleine in der Dunkelheit lassen, auch wenn sie tierische Beschützer erwarteten.

Alle tierischen Gäste erkletterten das Baumhaus, die fliegenden flogen direkt auf die Veranda und suchten sich einen Platz. Es war toll dekoriert. Überall hingen Stangen mit Knabberzeug für die Fluggäste rum und am Boden standen Schalen mit Nüssen und Obst für die anderen Gäste. Kleine Windlichter und Lampions erleuchteten das Baumhaus, es war eine tolle Atmosphäre, die dadurch entstand. Ein ziemlicher Tumult kam auf, als sich alle einen Platz suchten und alle redeten wild durcheinander. Malu lachte, es war so toll, so viele nette Freunde auf einem Haufen zu sehen. Was das Schöne an der Sache war, jeder hatte seine eigene Geschichte, jeder war auf seine besondere Art einzigartig. Cody klopfte mit einem Löffel gegen das Glas. Alle wurden leise. „Ich möchte euch danken, dass ihr zu meiner Einzugsparty gekommen seid, und ich wünsche mir nichts mehr als ein paar schöne Stunden mit meinen Freunden.“ Alle klatschten sie zur Bestätigung.

Malu flatterte zu Cody. „Cody, was wollen wir aus der Nacht machen, du entscheidest, denn es ist dein Fest."

Cody überlegte und schaute Moja an. „Ich habe lange darüber nachgedacht und deshalb habe ich Moja gebeten, eines ihrer Bücher mitzubringen, doch sie meinte, dass es langweilig wäre, wenn sie die ganze Nacht daraus vorlesen würde, jedoch hatte sie eine super Idee." Cody schaute Moja an. „Ich war selbst ein Kind und mein Kind ist immer noch in mir. So weiß ich doch, was für Fragen einen in so jungen Jahren beschäftigen. Ich habe mir gedacht, ich mache euch ein paar Karten und auf jeder Karte ist ein Stichwort. Wir ziehen einfach eine Karte aus dem Haufen und nehmen das Schlagwort, das darauf steht, um darüber zu reden."

Cody unterbrach Moja. „Jeder darf etwas dazu sagen, vielleicht hat er eine passende Geschichte dazu oder nur ein Erlebnis. So erfahren wir mehr voneinander und vielleicht auch den Umgang damit."

Imani schmunzelte. „Das ist ganz schön anspruchsvoll, doch warum nicht? Mal sehen, was ihr aufgeschrieben habt."

Malu rief: „Lasst das Spiel beginnen."

Alle lachten. Moja holte einen Korb hervor, in dem lauter Zettel lagen. „Alvin, komm her, du wirst den ersten Zettel ziehen." Alvin flog zu ihr und wühlte mit dem Schnabel die Zettel durcheinander und dann zog er einen heraus und lies ihn in Mojas Schoß fallen. Moja faltete ihn auseinander, las und reichte ihn an Cody weiter. Cody schaute ihn an, dann räusperte er sich. „Schönheit." Alle schwiegen.

Saira, das Eichhörnchen, stutzte. „Mehr steht da nicht?"

Moja grinste. „Nein, es geht um Stichwörter, wem fällt etwas dazu ein?"

Großes Schweigen entstand, bis Malu den Flügel hob. „Gestern begegnete ich einem Schmetterling, der hat etwas sehr Komisches über Schönheit gesagt. Er sagte, Schönheit ist vergänglich.“

Marion meldete sich. „Also, ich finde das nicht, meine Schwester Julia war wirklich eine Schönheit und auch als sie krank wurde, blieb sie immer schön.“

Galdur, der Maulwurf, meldete sich. „Ich finde, alle Blumen sind schön, und Bäume, Wurzeln sogar Grashalme haben eine Schönhei,t wenn sie saftig grün sind.“

„Ich finde, die Nacht verdient den Ausdruck Schönheit, die Dunkelheit mit ihren Lichtern, der Mond mit seinen Strahlen“, sagte Claudio, der Feuersalamander.

Sophia schmunzelte. „Was meinst du, Cody, dazu?“

„Mein Baumhaus ist eine Schönheit“, lachte er.

Sophia schaute Moja an. „Sag uns, Moja, was ist für dich Schönheit?“

Moja lächelte in sich hinein. „Wisst ihr, Schönheit liegt im Auge des Betrachters. So wie der eine bunte Blumen schön finden kann, sind es bei einem anderen wieder die grünen Bäume oder der blaue See. Cody findet sein Baumhaus schön, andere wiederum sagen, es ist ok, jedoch heben sie sich den Ausdruck schön für etwas anderes auf. Du, Marion, sahst deine Schwester als eine Schönheit an und du, Claudio, findest die Nacht schön. Jeder sieht mit seinen eigenen Augen und wir empfinden ganz verschieden, was wir dadurch sehen. Somit liegt die Schönheit im Auge des Betrachters.“

Malu winkte mit dem Flügel. „Aber was meinte gestern der Schmetterling Laini damit, als er sagte, Schönheit ist vergänglich?“

Basma wunderte sich auch darüber. „Das ist eine doofe Aussage. Wenn ich die Nacht schön finde, dann finde ich sie immer schön. Wenn ich eine Blume schön finde, dann ist sie immer schön.“

Sophia schmunzelte. „Nehmt eine Blume, sie wächst heran, entfaltet ihre Schönheit, bis sie in voller Pracht steht, doch dann welkt sie, zieht sich zurück, bis sie zur gegebenen Zeit wieder erblüht. Das ist damit gemeint. Alles Schöne bleibt einen kurzen Augenblick, wir erfreuen uns daran und dann geht es, bis wieder etwas Neues entsteht. Es ist ein ewiger Kreislauf und das meinte Laini damit. Als kleine Raupe beginnt ihr Leben, dann wird sie eine wahre Schönheit, doch sie hat nur eine kurze Lebensspanne und danach geht der Kreislauf wieder los.“

Cody überlegte. „Das stimmt, selbst ein Baum ist im Sommer in voller Blüte, doch im Winter verliert er seine Blätter und die damit verbundene Schönheit, bis er im Frühjahr wieder erwacht.“

Malu lachte. „Ja, Schönheit ist wirklich vergänglich und sie liegt im Auge des Betrachters, deshalb ist es auch wichtig, dass wir diese Augenblicke leben, an denen wir uns erfreuen.“

Moja klatschte „So nehmen wir den nächsten Zettel und legen diesen beiseite, komm, Imani, magst du einen ziehen?“

Imani flog herbei, er wühlte in den Zetteln und zog einen heraus. Moja nahm ihn entgegen und gab ihn Cody. „Hier steht Grübeln.“

Viele stöhnten, denn das war richtig schwer. Aylin meldete sich mit ausgestrecktem Finger. „Also, ich grüble viel und oft. Ich weiß, dass dies nicht gut ist, doch ich denke immer über vieles nach.“

Jaro verdrehte die Augen. „Ja, meine Schwester grübelt immerzu, macht sich hier Sorgen und dort Sorgen und dann grübelt sie und grübelt. Man darf sie auch nicht dabei stören."

Mirko krabbelte herbei. „Was bringt es denn, seine Zeit mit grübeln zu verbringen, das ist doch verlorene Zeit, in der man etwas Schönes machen kann?"

„Was grübelst du denn?", fragte Imani.

Aylin überlegte. „Naja, über alles Mögliche. Gestern fiel mir ein, dass wir morgen in den Klettergarten wollen, und ich mache mir einfach Sorgen, was ist, wenn ich mich nicht traue, da rauf zu steigen. So grüble ich darüber nach, was alles passieren könnte?"

Cody stöhnte auf. „Das kenn ich, ich habe auch viel gegrübelt, weil ich immer vor allem Angst hatte. Meistens habe ich sogar viel über Vergangenes nachgegrübelt, habe überlegt, was wäre gewesen, wenn es anders gelaufen wäre."

Moja lachte. „Was habt ihr damit erreicht, dass ihr gegrübelt habt, was wäre wenn?"

Cody grinste. „Nix, im Gegenteil, heute weiß ich, dass das idiotisch war, denn in der Zeit hätte ich was Schönes unternehmen können."

Sophia schmunzelte. „Gestern ist vergangen, daran können wir nichts mehr ändern. Das Morgen liegt noch weit voraus. Was zählt ist das Heute, das Jetzt. Wenn wir heute schon über morgen grübeln, wann haben wir dann Zeit, das Heute zu erleben."

Wisal rollte durchs Baumhaus. „Ich schaue nie vor oder zurück, für mich ist nur der Augenblick wichtig, denn der macht am meisten Spaß."

Malu feixte. „Typisch Wisal. Ziehen wir einen neuen Zettel?“

„Na dann komm her und zieh einen“, sagte Cody.

Malu krabbelte zum Korb und zog einen Zettel heraus. Cody las vor. „Freude.“

Wisal hüpfte hoch. „Ich habe immer Freude, davon kann ich euch ganz viel erzählen. Wenn man Spaß hat, hat man auch Freude.“

Alle grummelten. „Das war einfach zu leicht, Wisal ist Freude und so ist immer Freude unter uns, da er unser Freund ist“, sagte Kalea „Außerdem bin ich die glücklichste Schwalbe der Welt, also strahle ich Freude aus, noch mehr würden wir gar nicht verkraften.“

Moja schmunzelte. „Das stimmt, ihr seid alle sehr positiv eingestellt und deshalb empfindet ihr auch schnell Freude an Dingen. Das ist eine bewundernswerte Sache. Also wenn das zu leicht war, dann ziehen wir einen neuen Zettel.“

Wisal stolperte auf den Korb zu. „Jetzt ich, ich will auch ziehen.“

„Na, dann komm und versuche dein Glück“, sagte Moja.

„Ich ziehe jetzt was ganz Schwieriges, mal sehen, ob ihr damit etwas anfangen könnt.“ Wisal patschte in den Zetteln rum, bis er einen sehr verkrüppelten herauszog. „Hier, lies vor.“ Er hielt ihn Cody vor die Nase.

Cody nahm ihn lächelnd entgegen. „Ui, Respekt.“

Wisal schaute verdattert. „Was, sag schon …“

Cody lachte. „Das ist das Wort, das hier steht – Respekt.“

Alle schauten etwas komisch drein. Lisa, der Falke, räusperte sich. „Also, ich weiß, dass Respekt etwas mit Anstand zu tun hat. Man muss Respekt vor seinen Eltern haben und auf sie hören.“

Moja schmunzelte. „Das stimmt, man soll Respekt vor dem Alter haben, heißt es. Früher war das so, Jüngere haben Ältere gegrüßt, ihnen die Tür aufgehalten und geholfen. Heute bleibt das leider auf der Strecke."

Imani schnaubte. „Tja ich beobachte es ja oft, wie Jüngere mit Älteren umgehen, doch ich denke auch, dass viele Ältere selbst daran Schuld sind, dass sie keinen Respekt mehr bekommen, denn sie verurteilen die Jungen und auch die verschiedenen Nationen. Es existieren einfach zu viele Vorurteile. Wenn die nicht wären, dann wäre das Thema Respekt gar nicht nötig."

Sophia schüttelte den Kopf. „Du hast recht, Jüngere lernen von Älteren und wenn diese nicht vorleben, was Respekt ist, wie sollen die Jungen das dann wissen und ausüben?"

Jaro meldete sich. „Also, ich habe Anstand und Aylin auch, unsere Eltern sagen immer, Anstand und Respekt sind wichtig im Leben."

Aylin lächelte. „Mama sagte: Behandle alle deine Freunde mit Respekt auf deinem Weg nach oben, du wirst sie auf deinem Abstecher nach unten wiedersehen."

„Das heißt soviel wie, behandle jeden so, wie du möchtest, dass er dich behandelt", sagte Malu.

„Genau so, ich sehe schon, bis jetzt war kein wirklich schwieriger Zettel dabei. Vielleicht sollten wir das Spiel etwas schwerer machen."

Mirko fragte: „Schwieriger, nur wie?"

Sophia schmunzelte „Wir nehmen ein Schlagwort und ihr sagt, auf wen das zutrifft. Lasst es uns versuchen."

Moja zog selbst einen Zettel. „Einzigartig."

Alle antworteten im Chor: „Wir alle!" Es wurde gelacht.

„Zu einfach, noch ein Zettel", sagte Malu. „Freunde."

Wieder ein einstimmiger Chor. „Wir alle!“

Der nächste Zettel wurde gezogen, Cody las vor: „Heimat.“

Malu quietschte aufgeregt. „Na, da, wo wir sind, wo Freunde sind, ist Heimat, denn da fühlt man sich wohl.“

Sophia jubilierte. „Tja, das ist nicht schwer genug, versuchen wir etwas anderes. Also wir ziehen einen Zettel und das Schlagwort nehmen wir und wir suchen den Gegensatz dazu, denn alles hat zwei Seiten.“

Wisal hüpfte wieder rum. „Das kann ich, da bin ich gut. Darf ich den ersten Zettel ziehen?“

Er wartete gar nicht ab, zog einen Zettel und hielt ihn vor Aufregung Cody hin. Cody las vor „Hass.“

Alvin flatterte auf. „Ich weiß es, Liebe.“

Wisal zog den nächsten Zettel. „Vertrauen.“

Jetzt wurde schon länger überlegt. Cody sagte. „Das weiß ich, Angst, denn wenn man kein Vertrauen hat, dann hat man Angst, so ging es mir.“

Wisal grapschte wieder in den Korb und reichte Cody den Zettel. „Einsamkeit.“

Claudio hob das Beinchen. „Freunde, das weiß ich genau, denn ich war sehr einsam, bis ich neue Freunde gefunden habe.“

Wisal überschlug sich fast und zog einen neuen Zettel. „Stille.“

Saira, das Eichhörnchen, hopste herbei. „Das weiß ich, das ist Lärm, Menschenlärm. Lärm von Flugzeugen, Radios und vieles mehr.“

Moja klatsche in die Hände. „Ihr seid wirklich gut. Wie schnell ihr die Gegensätze findet ... Mal sehen, was wir noch haben. Wisal, walte deines Amtes.“

Wisal krabbelte in den Korb und plumpste samt dem Korb um. Alle lachten sie. Das war wieder mal typisch Waschbär, der Clown. Er schüttelte den Korb von sich und griff sich einen Zettel. „Hier, Cody, was steht da?“

„Hier steht Feinde.“

Alvin grinste. „Das sind auch wieder die Freunde, gleiche Antwort für eine andere Sache, wie cool.“

Wisal fischte nach dem nächsten Zettel. Cody entfaltete ihn. „Eingesperrt.“

Malu winkte mit dem Flügel. „Freiheit ist der Gegensatz.“

Cody bekam schon den nächsten Zettel hingestreckt. Wisal schaute sich um es lag nur noch ein Zettel vor ihm. „Ohm es ist nur noch einer da, wie schade.“

Cody nahm ihn andächtig entgegen. „Herz.“

Es herrschte plötzlich Stille im Baumhaus. Man sah, wie alle grübelten. „Habt ihr keine Antwort darauf, keinen Gegensatz?“, fragte Moja.

Mirko seilte sich in der Mitte des Baumhauses ab. „Dafür gibt es keinen Gegensatz, Herz ist Herz.“

Malu grinste. „Herz ist Magie und Herz ist die Seele.“

Saira lachte. „Herz ist auch Freude und Glück.“

Marion nahm die Hand von Cody und so ging es weiter, bis sich der Kreis schloss, Flügel, Krallen, Hände, alle hielten sich irgendwie fest. Dann sprach Marion: „Freunde sind die Bewohner des Herzens, wie wir alle hier, es gibt keinen Gegensatz zum Herzen, es ist das einzige, das nur Schönheit beinhaltet.“

Cody seufzte. „Ja, ich finde auch, das Schlagwort hat keinen Gegensatz, wäre das Schlagwort Seele dabei gewesen dann wäre das auch so.“

Sophia sagte: „Genau, Cody hat recht, für Herz und Seele gibt es keinen Gegensatz, denn sie sind was Magisches, darin steckt nix Böses."

Basma hob den Flügel. „Wisst ihr, während des Ratespiels ist mir aufgefallen, dass vieles mehr Antworten hat und gut, Ausnahmen bestätigen die Regel. Meine Meinung ist, was Wisal vorhin schon gesagt hat, lebe den Augenblick, egal, was passiert oder was kommt, es gibt immer einen Gegensatz zum Negativen, und ich finde, auf alle nicht so schöne Dinge gibt es ein einziges Schlagwort, um sich sofort wieder gut zu fühlen." Er atmete tief durch. „Das ist Hoffnung."

Wisal kicherte. „Ja die hält bis zuletzt durch. **Solange wir Hoffnung haben, kann uns nix etwas antun**."

Cody lächelte. „So, meine Freunde, lasst uns feiern, denn es ist noch lange nicht morgen."

Moja startete die Musik und dämmte das Licht. Es war schon komplett dunkel draußen, nur der Mond und die Sterne erhellten die Nacht. Plötzlich kamen ganz viele Leuchtpunkte angeflogen und tanzten durch das Baumhaus, die Glühwürmchen waren angekommen. Es wurde getanzt, gelacht und gesungen, bis die ersten Strahlen der Sonne sich am Horizont zeigten. Alle setzten sie sich so hin, dass sie sahen, wie die Sonne aufging. Moja hatte Wisal auf die Beine genommen und hielt ihn fest, denn durch sein Gezappel hatten sie die Befürchtung, dass er noch aus dem Baumhaus fiel. Doch er war vom Tanzen und Lachen so ausgelaugt, dass es nicht lange dauerte und er einschlief. Sogar im Schlaf lächelte er. Der Himmel färbte sich in bizarren roten Farben. Es war einfach nur wunderschön. Keiner sagte ein Wort, man saß einfach nur still beisammen und genoss den Sonnenaufgang. So waren Freunde im Herzen, sie verstanden sich auch ohne Worte.

## Stimmen des Lebens

Selten verirrten sich Menschen zu den Höhlen im Wald, doch heute beobachtete Mirko schon seit Nachmittag, dass ein Mensch es sich da gemütlich gemacht hatte. Er saß einfach nur da und starrte vor sich her. Jetzt, wo es langsam zu dämmern anfing, krabbelte Mirko ins Innere der Höhle, um Malu zu wecken. „Malu, wach auf!“, rief er.

Malu reckte und streckte sich und flatterte zu Mirko. „Was ist los, dass du mich weckst?“

Mirko grummelte: „Also, seit Nachmittag sitzt da ein Mensch vor der Höhle und schaut nur vor sich hin. Es kommen sonst nie Menschen hierher.“

Malu horchte auf. „Ein Mensch, sagst du, und er macht nichts außer zu schauen. Was ist daran so gefährlich?“

Mirko schüttelte den Kopf. „Gefährlich habe ich auch nicht gesagt, doch ich finde es schon seltsam, wann sitzt ein Mensch alleine im Wald und ist in Gedanken versunken? Dass kommt sehr selten vor.“

Malu lachte. „Ok, komm, wir fliegen mal hin und sehen, warum der Mensch einfach so rumsitzt, es wird wohl alles einen Grund haben, wie alles im Leben.“

Plötzlich rauschte Sophia herbei. „Hey, habt ihr schon gesehen? Da sitzt jemand vor eurer Höhle.“

Mirko verdrehte die Augen. „Klaro, ich beobachte das schon den ganzen Nachmittag. Wir wollten gerade mal hinfliegen.“

Sophia landete. „Na dann komm, Mirko, ich nehm dich mit.“

Mirko krabbelte ins Gefieder und los ging es. Die drei flogen aus der Höhle und drehten ein paar Runden. Als der Mensch aufschaute, flogen sie auf ihn zu. Sophia landete zuerst auf einen Baum in der Nähe und Malu flatterte um den Menschen herum. „Hallo, kannst du mich verstehen?“, fragte er.

Der Mensch, eine Frau, hob den Kopf und sagte: „Klar kann ich dich hören. Ich bin zwar alt, jedoch nicht taub.“

Malu landete. „Naja, es gibt viele Menschen, die uns nicht verstehen können.“

„Ja das weiß ich, doch ich war neulich im Zirkus und habe euch gesehen. Du bist Malu und deine Freunde Sophia und Mirko sind die beiden da auf dem Ast. Wenn ich eines schon immer konnte, dann war das, euch Tiere zu verstehen. Ich bin übrigens Elfriede, doch dürft ihr gerne Elli zu mir sagen.“

Malu schaute Elli lange an. „Sag uns, warum sitzt du schon den ganzen Tag hier und bist so in Gedanken?“

Elli lächelte. „Wisst ihr, ich musste mir einmal Zeit nehmen, über mein Leben nachzudenken. Ob ich glücklich bin oder nicht. Ob es erfüllend war oder nicht. Ob ich es erlebe oder nicht. Ob meine Einstellung richtig ist oder nicht, und vor allem, ob ich es überhaupt noch bin.“ Sophia schmunzelte „Und was ist dabei rausgekommen?“

Elli schaute auf. „Naja bis jetzt nicht viel, irgendwie bin ich unzufrieden, da bin ich jetzt schon so alt geworden, habe so viele Jahre gelebt und trotzdem weiß ich noch nicht, ob mein Leben sinnvoll war bisher.“

„Warum denkst du darüber nach?“, fragte Mirko.

„Tja der Auslöser war eure Zirkusvorstellung, ihr Tiere verkörpert so viel Stärke und Hoffnung, obwohl wir Menschen nicht gerade gut zu euch waren. Ihr seid immer voller Hoffnung und so echt, dagegen sind wir Menschen schwach. Wir jammern über Sachen, die eigentlich gar nicht wichtig sind. Mein Leben war bisher auch nicht besser. Man jammert über dies und das, dabei hat man so viel, wenn man einfach mal mit dem Jammern aufhören würde."

Malu gluckste. „Also, du siehst nicht so aus, als würdest du viel jammern, eher, dass du mit sehr wenig zufrieden bist."

Elli lächelte. „Es geht gar nicht um mich oder vielleicht indirekt doch. Ich bin von Menschen umgeben, die sehr negativ eingestellt sind und mit nichts zufrieden. Ich selbst leide, einmal weil ich mir das ständig anhören muss und weil ich es einfach nicht verstehen kann, wie Menschen so sein können."

Mirko seilte sich ab. „Elli, erzähle uns etwas mehr, was meinst du mit negativen Einstellungen?"

Elli schmunzelte. „Ich soll euch aus meinen Leben erzählen, dann macht es euch gemütlich, das wird eine lange Nacht."

Alle machten es sich bequem. Elli räusperte sich. „Als ich jung war, fing es eigentlich schon an. Immer wieder hörte ich, dass etwas nicht gut sei und dies und das falsch. Es waren die unwichtigsten Dinge. Ich verstand es zu dieser Zeit schon nicht. Doch dann wurde ich älter und ich hörte immer öfter, das ist falsch, das geht nicht, das kannst du nicht tun. Tja, ich habe es trotzdem getan und es hat mir nicht geschadet, diese Erfahrungen zu machen. Ich lebte immer mit dem Vorsatz, ich könne nur wissen, ob etwas richtig oder falsch ist wenn ich es ausprobiere. Ist es falsch, muss ich eben einen anderen Weg suchen." Elli schluckte. „Schon als Kind zog ich mich so an, wie ich wollte, und, nicht wie es die Modeschöpfer vorschrieben. Dafür wurde ich viel gehänselt, doch das war mir egal. Später, als ich meine erste Wohnung bekam, richtete ich sie mit gebrauchten Möbeln ein, die ich irgendwo geschenkt bekam, ich war stolz auf jeden einzelnen Stuhl. Es war mir egal, dass alles verschieden aussah. Doch die Zeiten änderten sich und immer öfter stellte ich fest, dass es wohl eine Sache des Ansehens ist, ob man gemocht wird oder nicht. Viele machten solche Sachen davon abhängig, ob sie mit dir verkehrten. Doch mir war das weiterhin alles egal."

Malu unterbrach Elli. „Das ist doch blöde, nur weil du das anzogst, was dir gefiel, mochte dich keiner? Es geht doch um den inneren Wert und nicht um das, was man anhat und besitzt."

Elli schmunzelte. „Malu, leider ist das heute immer wieder so. Das nennt man Zweiklassengesellschaft. Hat einer Markenklamotten an ist er mehr wert als einer ohne. Es geht nicht darum, ob er sie sich leisten kann und nur nicht anziehen mag oder ob er sie sich wirklich nicht leisten kann. Fakt ist, er hat keine an. Das ist das doofe Denken vieler Menschen. Sie wissen gar nicht, wie viele gute Freundschaften sie an sich vorbeiziehen lassen, weil sie nur vom Äußeren ausgehen. Ich war schon immer mit sehr wenig zufrieden. Auch wenn ich es mir hätte leisten können, war und ist es für mich nicht wichtig. Genau so geht es mir mit materiellen Dingen. Wozu brauche ich ein neues Auto, wenn mein altes Auto mich doch auch dahin bringt, wo ich hinwill, warum brauche ich eine neue Couch, wenn die alte es noch tut? Dann kommt eben eine Decke drauf. Und warum brauche ich fünf Armbanduhren in verschiedenen Designs, wenn mir eine einzige auch die Uhrzeit anzeigt. Ich verstehe das nicht, wie solche Menschen denken."

Sophia seufzte. „Ich glaube, dass viele gar nicht wissen, dass sie das eigentlich gar nicht brauchen."

Elli lachte. „Genau meine Meinung. Wozu brauchen wir sechs Bettwäschegarnituren wenn wir doch in der heutigen Zeit jeder eine Waschmaschine und einen Trockner haben? Ist doch fix wieder frisch. Wozu braucht man zwanzig paar Schuhe, wenn man doch immer nur eines an den Füssen tragen kann? Wozu baucht man Sachen, die eigentlich gar keinen Nutzen haben, eine Wetterstation zum Beispiel, Blödsinn denn wir können am Wetter eh nix ändern und bekommen das Wetter stündlich im Radio angesagt. Was ich auch unnütz finde, sind so Sachen wie Eierkocher, elektrische Dosenöffner, Smoothiemaker oder Sechsplattenöfen. Also früher haben wir unsere Eier einfach in einem Topf gekocht und die Dose haben wir auch aufbekommen und unsere Smoothies haben wir eben selbst püriert mit einem Mixer und für eine 5 Köpfige Familie kochte man auf zwei Platten. Dafür brauchten wir nicht extra Geräte. Ich glaube dass viele Menschen viel reicher wären, wenn sie die ganzen unnützen Sachen nicht gekauft hätten. Bequemer haben sie es dadurch nicht, denn meist brauchst du ewig zum Reinigen dieser Geräte, also verschwenden sie auch noch Zeit."

Sophia grummelte. „Das stimmt, was du sagst. Leider ist dieses Konsumdenken in der heutigen Zeit normal."

Elli seufzte. „Deshalb sitze ich hier, ich bin von Menschen umgeben, die all dies brauchen, und dann kommt noch dazu, dass sie voll negativ denken. Zum Beispiel lasse ich generell die Tür unverschlossen, wenn ich in der Wohnung bin. Doch es heißt dann, schließ ab, falls ein Einbrecher kommt. Ich denke da anders, so ist es ja mein Fluchtweg, den ich versperre, und wenn ich mich schon in meiner eigenen Wohnung einschließen muss, ist das doch sehr traurig. Seid mal ehrlich, ist das nicht schrecklich? Ich sage, oh, wie schön es regnet und es kommt darauf die Antwort, was, ist schön daran, dass es regnet? Ich gehe in den Wald und bekomme gesagt, pass auf die Bäume auf, dass dich kein Ast trifft. Ich sage, wow eine Schlange – Antwort, pass auf, dass sie dich nicht beißt. Ich sage, oh eine Hornisse – Antwort, Achtung Gefahr.

# MIRKO

## Friede und Ehre

Ich sage, denk mal etwas Positiv – Antwort, was ist das?“

Mirko fing an zu lachen. „Ich lach mich kaputt, du erzählst das so lustig, doch eigentlich ist es echt traurig, was da abgeht. Leider wirklich so.“

Sophia schmunzelte. „Elli, ich verstehe, dass du dich nicht wohlfühlst. Dein ganzes Leben ist ein Wirrwarr. Obwohl du die richtige Denkweise hast. Ich finde auch, man bräuchte viele Dinge nicht. Die Menschen klagen immer darüber, dass alles teurer wird und sie zu wenig Geld haben, doch trotzdem kaufen sie Sachen, die sie eigentlich nicht benötigen. Sie haben die Schränke voll und brauchen noch mehr, obwohl sie das schon haben. Sie denken, sie erleichtern sich die Arbeit mit neuen Geräten und im Endeffekt vergeuden sie damit kostbare Zeit, weil der Aufwand einfach größer ist und mehr Zeit benötigt. Der wichtigste Punkt ist jedoch, dass viele einfach nur die negative Seite sehen.“

Elli unterbrach. „Das ist das Hauptproblem. Wenn man ständig immer wieder hört, Achtung, die Brombeeren haben Dornen, die Bäume könnten fallen, der andere könnte schlecht über dich denken, so kannst du nicht rausgehen, sicher dich ab … Wie, bitteschön, soll man da noch leben? Immer mit dem Gedanken, es könnte etwas passieren, muss jedoch nicht.“

Mirko wippte hin und her. „Wenn etwas passiert, dann ist es Schicksal, dann kannst du es so oder so nicht aufhalten. Wenn du dir immer wieder Gedanken machst, was könnte passieren, dann erlebst du dein Leben nicht und hast auch an nichts eine Freunde, da du in ständiger Angst lebst, es könnte ja doch etwas dran sein.“

„Ja und ich bin nicht so, ich gehe einfach meinen Weg, für mich hat jede Wolke eine Sonnenseite. Wenn ich Lust habe, durch den Wald zu laufen, dann mach ich es ohne einen Gedanken an fallende Bäume. Wie ich mich kleide, mache ich für mich, denn ich muss mich darin wohlfühlen und nicht für andere. Wer mich kennt, weiß, was mir wichtig ist, die anderen waren mir schon immer egal. Trotzdem sitze ich hier und lasse mein Leben Revue passieren, nur um zu sehen, das ich an meinem Standpunkt und meiner Einstellung festgehalten habe."

Mirko überlegte. „Es ist wichtig, dass man wieder mal alles herbeiruft und darüber nachdenkt, ob man noch wirklich echt ist. Denn man merkt nicht, wenn man zu jemandem gemacht wird, der man eigentlich gar nicht ist. Meist merkt man es erst, wenn es schon zu spät ist, und dann kommt man nur schwer wieder raus."

„Deswegen sitze ich heute so lange hier, ich brauchte einfach Zeit zum Reflektieren, musste für mich herausfinden, was mir wichtig ist, und vor allem, ob ich noch auf meinem Weg bin. Ich halte an mir fest, auch wenn ich die heutige Lebensweise und Denkweise mancher Menschen nicht verstehe. Manchmal denke ich, das Leben wäre um vieles wundervoller, wenn alle ein bisschen mehr in sich gehen würden und nicht so viel Wert darauf legen würden, was ein anderer von ihnen denkt und was ein anderer hat."

Malu grummelte. „Was ich auch wichtig fände, wenn mehr Menschen einen so akzeptieren würde, wie man wirklich ist. Doch dazu müssten sie sich die Zeit nehmen, dich erst einmal richtig kennen zu lernen, und das machen die wenigsten. Sie wollen dich zu ihrer Idealvorstellung umformen, und wenn das nicht klappt, bist du einfach nicht gut genug für sie, anstatt dass sie erst einmal darüber nachdenken, was sie eigentlich tun."

„Wow, Malu, das war super gut gesagt, genau das meine ich“, sagte Elli. „Es gibt noch etwas, das ich total blöde finde. Egal wohin man geht, sobald man fragt, wie geht es dir, fängt dieses ständige Gejammer an. Man hat noch nicht mal zu ende gesprochen, immer hört man gleich: Mir geht's nicht gut. Hast du schon gehört, was der gesagt hat. Hast du schon gesehen, wie der rumläuft. Ist das nicht doof … Warum kann man auf so eine einfache Frage nicht mal Antworten bekommen wie: Heute ist ein schöner Tag. Hast du die tollen Blumen gesehen? Schau mal, wie nett das aussieht ... Nein, es kommt immer gleich was Negatives. Ich ertappe mich schon immer öfters dabei, dass ich auch so antworte, es steckt einfach an obwohl es auch Positives zu sagen gäbe. Das erschreckt mich fürchterlich.“

Mirko krabbelte näher. „Das ist echt gruselig, vor allem merkt man es ja nicht mal, es ist wie eine Ansteckung.“

Elli lachte. „Du sagst es, man wird infiziert. Wisst ihr, ich bekomme wenig Besuch, oftmals dachte ich, mich will keiner besuchen, doch so ist es nicht. Ehrlich gesagt gehe ich lieber jemanden besuchen, denn wenn es mir zu viel wird mit negativen Gesprächen, dann kann ich aufstehen und gehen. Anders herum wäre das nicht möglich. Nicht, das ihr denkt ich gehe nicht gerne jemanden besuchen, doch ich ertappe mich dann dabei, dass ich nach einiger Zeit so eine Art Beklemmung bekomme. Es wird mir einfach zu viel und so habe ich die Möglichkeit, selbst zu entscheiden, ob ich weiter zuhöre oder mich verabschiede. Ich versuche auch schon mal, das Thema zu wechseln und bei ganz guten Freunden sage ich auch, dass es mir zu viel wird und ich einen Themenwechsel brauche. Jedoch möchte ich auch niemanden verletzten, denn oft ist es für denjenigen wichtig, darüber zu sprechen, worüber er spricht.“

„Da kommst du sicher oft ins Bedrängnis“, sagte Sophia. „Doch wenn es dir nicht gut dabei geht, machst du es richtig. Du bist einfühlsam möchtest niemanden verletzen doch denkst du auch an dich, an dein Befinden, dabei, das ist wichtig. Es bringt ja nichts, wenn du nach Hause gehst und dich selbst nicht mehr wohlfühlst.“

Sie saßen eine Zeit lang schweigend da und schauten einfach in die schöne Nacht, bis Elli aufseufzte. „Das hier gibt mir Kraft. Die Stille der Natur, das Licht in der Dunkelheit, das Wissen, dass es Malu gibt und natürlich euch. Hier kann ich Kraft schöpfen, meinen Gedanken nachhängen und keiner kann mich beeinflussen. Hier nimmt man mich so wie ich bin. Ihr habt mir geholfen, nachzudenken, und ich werde auch weiterhin meinen Weg gehen. **Solange man im Inneren an sich festhält, wird man alles meistern, was auf einen zukommt**.“

Sie saßen noch lange schweigend beisammen. Als die Sonne anfing, aufzugehen, machte sich Elli mit neuer Kraft auf den Weg zurück in ihr Leben.

## Die Lüge des Reisens

Wie die Farben des Regenbogens erstrahlte der Himmel. Ein Phänomen, das es nicht häufig gab. Es hatte etwas Magisches an sich. Malu hing am Felsvorsprung und fasziniert schaute er sich das Schauspiel an. Mirko hing im Netz neben ihm und auch er hatte vor Emotionen Tränen in den Augen.

„Wow wie schööönnnnn." Malu seufzte auf. „Das wird eine ganz besondere Nacht werden, heute fliege ich hoch zum großen See. Wir treffen uns dort mit Orenda, der Schamanin. Es ist, als würde sie mich durch die Farben rufen."

Mirko schaute auf. „Auch ich fühle den Ruf und werde mich von Imani holen lassen. Er kann mich mitnehmen zu Orenda."

Malu flog voraus, es war, als würde er durch einen Regenbogen fliegen, die Farben umschlossen seine Gestalt und eine fantastische Ruhe legte sich über ihn. Es war eine magische Nacht. Als er am oberen See ankam, waren schon viele seiner Freunde versammelt und auch Imani mit Mirko war schon im Anflug. „Hallo Orenda, was ist das doch für eine schöne Nacht, es ist, als würde der Mond glühen."

Orenda lächelte ihm entgegen. „Malu, es ist eine magische Nacht, denn es hat uns einen Besucher beschert, der eine sehr weite Reise hinter sich hat."

Malu schaute sich um, dann sah er ihn. Auf einem Felsen neben Orenda saß ein mächtig großer Adler. Er hatte seine Flügel ausgespannt und die Spannweite betrug gut zwei Meter, auch seine Größe von fast einem Meter war beeindruckend. Einen so mächtigen Adler hatte selbst Malu noch nicht gesehen. Orenda schaute alle an. „Dies ist Sergej, der Große, er ist ein Kaiseradler. Seine Route liegt östlich von hier, doch er ist dem magischen Licht gefolgt und so ist er bei uns gelandet.“

Alle winkten ihm andächtig zu. Sergej faltete seinen Schwingen ein und neigte den Kopf. „Seid gegrüßt, meine Reise erstreckt sich über die ganze Welt. Ich habe schon sehr viel gesehen und finde trotz allem immer wieder neues zu entdecken. Es ist schön, dass ich hier Rast machen darf in dieser Nacht, da der Blutmond am Himmel steht.“

Malu flatterte nahe zu Sergej. „Hallo Sergej, ich bin Malu. Du sagst, du reist um die ganze Welt, dann hast du auch viel zu erzählen. Wir sind leidenschaftliche Zuhörer und lieben Geschichten.“

Sergej lächelte. „Ihr wollt etwas von der Welt erfahren. Ihr wohnt hier in einem kleinen Teil von Europa, euer Wald ist jedoch nur ein Fingernagel groß davon. Was soll ich euch von der Welt erzählen?“

Mirko krabbelte herbei. „Du bist ein Kaiseradler, so einen wie dich haben wir noch nie gesehen. So majestätisch und prachtvoll. Erzähl uns von den Ländern, die du schon bereist hast.“

„Mirko, da bräuchte ich die nächsten Jahre dazu, um euch alles zu erzählen. Doch ich kann euch etwas über euer Land erzählen, über königliche Schlösser und Burgen, die ich gesehen habe. Über Flecken Erde, die wie unberührt erscheinen“, sagte Sergej.

Alle machten sie es sich bequem, es waren noch mehr Tiere gekommen, um den Geschichten zu lauschen. Orenda entzündete das Lagerfeuer und die Flammen züngelten in den roten Mond hinein.

Sergej atmete tief durch streckte einen Flügel und fing sehr leise zu sprechen an. „Hier seht ihr eure Heimat, der See, die Bäume, die Felsen und eure Freunde. Hier seid ihr zuhause. Auf meinen Reisen habe ich wunderschöne Schlösser gesehen, ganz Deutschland ist voll damit. Burgen und Festungen und Waldgebiete, die schöner nicht sein können." Er faltete seinen Flügel wieder ein und atmete durch. „In Bayern stehen die Schönsten davon, Schloss Linderhof und Schloss Neuschwanstein. Viele Menschen pilgern dahin, um es sich anzusehen. Doch wisst ihr was, nicht weit entfernt steht auf einem Felsmassiv auf 1277 Metern Höhe eine Burgruine mit atemberaubendem Ausblick. Burg Falkenstein steht auf dem gleichnamigen Berg. An seiner Stelle wollte man ein Märchenschloss erbauen noch größer und schöner als die beiden anderen. Doch nie wurde etwas daraus. Doch dieser Berg mit seiner Ruine ist fantastischer als alle anderen, denn er lässt unserer Vorstellung Entfaltungsmöglichkeiten, dort können wir unser eigenes Traumschloss bauen. Wenn man dort am Gipfel steht, fühlt man sich wie ein König. Es ist nicht immer das Prachtvolle, was wundervoll ist. Oftmals ist es genau das Gegenteil, das Versteckte, was uns überwältigt. Nicht weit entfernt gibt es die Scheidegger Wasserfälle, bei weitem nicht so groß wie die Niagara-Fälle doch sie strahlen eine Ruhe und Stille aus und fügen sich in die Natur ein, dass es einen länger an dieser Stelle hält. Denn dort ist man der Natur so nahe und kann so tief durchatmen. Ihr seht, nicht immer ist es das Größte und Schönste was uns fasziniert."

Sergej atmete durch und Imani fragte: „Ist nicht immer das, was prächtig ist, am schönsten, Gold und Glanz?"

Sergej schmunzelte. „Nein Gold und Glanz sind schön anzusehen, doch es ist kalt. Es ist tot, einfach ohne Magie und Wärme. Ich flog über die Schweiz und machte in der Viamala-Schlucht Halt. Es war ein unvergessliches Erlebnis. Dort herrschte Wärme und Magie ohne Ende. Sie schloss einen ein in die Arme von Mutter Natur. Ich flog über den Morteatsch-Gletscher und dort blieb für mich einen Augenblick die Zeit stehen. Die Luft war so rein wie nirgends sonst. Es war ein atemberaubendes Gefühl. Diese reine Luft, diese Natur mit ihrer Kraft, diese Berge ließen mich träumen und zur Ruhe kommen. **Wohin du auch gehst, gehe mit ganzen Herzen**, hat Konfuzius gesagt. Es sind oft die kleinen Dinge, die uns Kraft geben. Sehen ist nicht gleich sehen, man muss auch spüren. Man kann die ganze Welt bereisen, doch gesehen hat man nichts."

Lisa, der Falke, schaute nachdenklich. „Mich fragen viele, warum ich nicht die Welt bereise, da ich doch so schnell bin. Doch meine Antwort ist immer die gleiche. Denn was nutzt es mir, schnell hier und dorthin zu reisen, wenn ich doch dann nicht die Augenblicke genießen kann, die kleinen Flecken in Mutter Natur, die das Verweilen sinnvoll machen."

Sergej lachte. „So ist es, man wünscht sich an den exotischen Orten zu sein, doch sind es nur kleine Augenblicke die wirklich im Herzen bleiben. Es muss keine lange Reise sein, die man benötigt, um wirklich was zu sehen. Wichtig ist nur, dass man die Augen schließt und mit dem Herzen sieht. Man muss die Magie fühlen."

Malu zwinkerte. „Also, Menschen reisen sehr viel durch die Welt, sie wollen viel sehen."

„Malu, die Menschen reisen, doch sehen sie auch? Sie reisen an weit entfernte Orte, um dort die Menschen und die Natur zu beobachten, die sie daheim ignorieren. D. Runes. Seid ihr der Meinung, dass dies Sehen ist? Sie sind in ihrer Heimat blind und sind der Meinung, dass sie in der Fremde sehen. Ein fernes Land zu bereisen, darüber zu berichten, wie schön die historischen Schlösser und Burgen mit ihren Naturgärten und Parkanlagen sind, jedoch zuhause ihren eigenen Garten mit Steinen zuschütten. Er erzählt, wie armselig der Mensch dort wohnt, kaum Geld hat zum Leben und zuhause die, die sozial unter ihnen Stehenden ignoriert. Der in Länder reist, in denen er ausländische Kultur faszinierend findet, jedoch in seiner Heimat nicht möchte, dass sie neben ihm wohnen. Wie schön die Natur, der Regenwald ist, sich zuhause jedoch einen Mahagonitisch hinstellen. Sie reisen nach Afrika, machen eine Safari und beobachten begeistert die Wildtiere, Zebras, Löwen, Elefanten und Co in freier Wildbahn. Dann kommen sie nach Hause gehen in den Zoo und begeistern sich für die artgerechte Haltung. Sie schauen sich im Tal der Könige die Gräber an und die Mumien, doch wird von ihren liebsten Ruhestätten eine Blume entwendet, ist es Vandalismus und Grabschändung. Sie beobachten Papageien, Schlangen und andere Exoten im Regenwald, halten diese jedoch zu Hause in kleinen Käfigen. Sie schwimmen in Flüssen und Meere und begeistern sich für das blaue Wasser und die Riffe, doch zuhause werfen sie Müll in die Natur und produzieren Plastik ohne Ende. Das kann kein erfülltes Reisen sein, das ist nicht richtig."

Alle schauten betreten drein. Sophia schaute Sergej an. „Du kommst auf deinen Reisen sehr viel herum, du siehst das Elend und das Leid und doch findest du Stellen, die Schönheit verkörpern."

„Ja, denn ich sehe die kleinen Flecken, die uns noch geblieben sind, denn ich fühle. Diese Erinnerungen, die ich mitnehme aus diesen besonderen kleinen Augenblicken, sind mehr wert als viele Eindrücke, die jedoch falsches verbergen. Ich könnte euch erzählen, dass ich Melbourne gesehen habe oder Paris und Rom, jedoch ist das oberflächlich, ich war dort, doch gefühlt habe ich nichts. Es war schön anzusehen, doch im Herzen ist nichts hängengeblieben. Paris mit seinem Eiffelturm, ein kaltes, starres Bauwerk, da steckt keine Wärme drin. Wenn ich euch jedoch vom Frankenwald erzähle, vom Fichtelgebirge, vom Westerwald, vom Schwarzwald oder von der Moldau, dann kann ich euch erzählen, wie schön die Wälder, die Seen, die Felsen waren. Wie faszinierend die Flüsse sich durchs Tal winden. Ich kann euch den Duft der Bäume beschreiben und die Farbe des Wassers. Ich kann euch beschreiben was für ein freies Gefühl es war, dort in der Natur durchzuatmen. Ich kann euch von den Salamandern und den Ringelnattern erzählen, die ich dort in freier Natur gesehen habe. Vom Waldkauz, der nachts seinen Ruf erschallen ließ. Ich kann euch sogar von Menschen berichten, die diese Natur hegen und pflegen wie hier auf euren kleinen Fleckchen. Man muss nicht weit reisen, um wirklich etwas zu sehen. **Oft reicht es, nur ein paar Meter die Straße lang zu gehen und man hat mehr Eindrücke als auf einer langen Reise**."

Orenda schaute alle an. „Seht ihr, man muss nicht weit reisen, um die Welt zu sehen, denn die Welt liegt vor uns. Da, wo wir uns zuhause fühlen, hat jeder seine kleine Welt. Dort können wir schalten und walten, wie es uns gefällt. Dort erleben wir die Augenblicke, die ausschlaggebend für Erfüllung sind, wenn wir nur mit offenen Augen durchs Leben gehen. Sergej bereist die Welt, doch sind es die kleinen Stellen, die am Ende die Reise ausmachen."

Sergej lächelte alle an. „Für mich gibt es wenig Hoffnung, denn meine Art steht auf der roten Liste der Menschen. Sie reisen nach Afrika, Asien, China und bewundern unseren Flug auf Ausflügen, wenn sie uns denn zu Gesicht bekommen. Sie finden uns faszinierend und kaiserlich. Doch sobald sie zuhause sind, haben sie uns vergessen. Dass wir vom Aussterben bedroht sind und dringend Hilfe brauchen, das sehen sie nicht und würden sie nicht unterstützen. Lieber reisen sie in das nächste Land und tauchen im Riff, bevor sie auch nur einen zweiten Gedanken an uns verschwenden. Es gibt Menschen, die sich für uns einsetzen, unsere bevorzugte Heimat ist Russland, denn dort werden wir geschätzt, doch was wir brauchen, ist kein Geld, wir brauchen unseren gesunden Lebensraum zurück. Einen Lebensraum, in dem wir wachsen und gedeihen können. Es gibt nicht mehr viele von uns, doch solange ich fliege und reise, wird die Hoffnung nicht vergehen, dass wieder bessere Zeiten kommen."

Malu schüttelte den Kopf. „Wir Tiere sind stark und wenn wir nur ein kleines Fleckchen Erde haben, die wir Heimat nennen können, sind wir glücklich."

Sophia schmunzelte. „Wir brauchen keine Reisen in ferne Länder, denn unsere kostbarsten Augenblicke passieren hier in unserer kleinen eigenen Welt."

Mirko zwinkerte. „**Genau so ist es, öfters mal direkt vor einen schauen, dort liegen das Glück und die Ferne ganz nah beieinander**."

Alle Tiere waren einer Meinung, sie brauchten keine fernen Länder. Es war zwar schön anzuhören, etwas darüber zu erfahren, jedoch lag das wirkliche Paradies vor ihnen.

Sergej verabschiedete sich „Nun geht meine Reise weiter, es war sehr schön bei euch, dieser kurze Augenblick hier am See bleibt in meinem Herzen, denn hier fühlte ich mich wohl."

Er entfaltete die Schwingen, plusterte sich auf und stieg senkrecht in die Luft. Der Blutmond war im Abklingen begriffen, jedoch erwischten ihn die letzten Strahlen und ließen ihn kaiserlich erscheinen. Denn das war er, ein Kaiseradler, einer der letzten seiner Art.

Die Tiere suchten ihren Weg nach Hause. Malu flog mit Sophia, Mirko im Gefieder, und Imani Richtung Höhle.

„Wisst ihr, das sollte uns viel zum Nachdenken geben", sagte Malu.

## Jeder braucht einen Malu

Die Nacht brach an und Malu war schon auf dem Weg durch seinen geliebten Wald. Er flog zur Siedlung, wollte mal schauen, was da so los war. Er überflog das große Feld, schaute einige Zeit den Glühwürmchen bei ihrem Tanz zu und flatterte dann weiter Richtung Häuser. Ein kleines Haus in der Mitte des Dorfes erregte seine Aufmerksamkeit. Es hatte einen wunderschönen Garten und eine tolle Terrasse mit vielen Blumen außen rum. Er flog näher und sah eine Frau auf der Veranda sitzen, sie hatte einen kleinen Hund auf den Beinen.

„Huhu, ich bin Malu“, stellte er sich vor.

Die Frau sah auf und lächelte. „Oh Hallo, schön, dass du auch mich besuchen kommst, denn wenn jemand einen Malu braucht in seinem Leben, dann bin ich das.“

Malu lachte. „Es ist lieb von dir, das zu sagen, ich wusste gar nicht, dass ich so berühmt bin.“

„Doch unter meinesgleichen kennen wir dich alle. Deine Geschichten und Erlebnisse bauen mich auf und ich war in eurer großen Vorstellung“, sagte sie und stutzte. „Ups ich habe mich noch gar nicht vorgestellt, ich bin Claudia.“

Malu schaute den kleinen Hund an. „Ach, das ist Püppy, meine beste Freundin“, lachte Claudia.

„Du hast einen tollen Garten und eine schöne Veranda.“ Malu sah sich um. Überall standen bienenfreundliche Blumen rum und es war sehr schön, anzusehen. Claudia schmunzelte. „Das stimmt, ich mag es so und erfreue mich daran, so lange ich es noch habe.“

Malu stutzte. „Warum solltest du es nicht mehr lange haben? Ziehst du um?“

Claudia schaute etwas traurig. „Ja, so könnte man es auch nennen, ich ziehe um. Ich ziehe an einen Ort, wo alles noch schöner ist, noch prachtvoller und wärmer. Einen Ort, wo wir alle am Ende landen und uns wiedersehen."

Malu schaute bestürzt. „Du bist viel zu jung dafür, um schon an diesen Ort umzuziehen."

Claudia lächelte. „Weißt du, man lässt mir keine Wahl, die Sache wurde für mich entschieden, ich hatte dabei keine Mitsprache."

„Das ist hart, echt hart und so ungerecht."

„Malu, das Ende ist für jeden gleich, der einzige Unterschied zu mir ist, das ich den Zeitpunkt kenne. Wenn man es mal von dieser Seite aus betrachtet habe ich sogar den Vorteil, dass ich nicht unvorbereitet darauf zuschlittere. Ich kann noch Dinge regeln, die mir wichtig sind, Freunden sagen, wie viel sie mir bedeuten und jeden Tag genießen, weil ich weiß, bald kommt mein letzter."

„Ist das nicht ziemlich hart für die Menschen um dich rum?", fragte Malu.

Claudia überlegte. „Eigentlich ist es verschieden. Menschen sind so unterschiedlich. Die einen können mit der Situation und dem Wissen umgehen und die anderen gehen ohne ein Wort vorbei. Sie meiden mich, weil sie nicht wissen, was sie zu mir sagen sollen."

„Das kann ich mir gut vorstellen, ehrlich gesagt überlege ich auch gerade, was ich zu dir sagen könnte. Sage ich *Oh, du Arme, das finde ich schade,* oder sage ich, *komm ich drück dich mal. Man möchte dich ja nicht auch noch mit Worten verletzen.*" Claudia seufzte. „Wenn du mich so fragst, würde ich eher das Knuddeln nehmen. Weißt du, viele wissen einfach nicht damit umzugehen. Es gibt sogar welche, die dir noch alles schlecht machen, obwohl du schon genug Probleme hat. Die Bürokratie ist schon anstrengend genug, man hat einen ständigen Kampf. Obwohl sie wissen, dass du bald nicht mehr da bist, schmeißen sie dir Steine in den Weg. Dann kommen noch die Menschen, die sich nicht damit auseinandersetzen und dich noch als Schauspieler hinstellen. Mir geht es noch ganz gut, für meine Situation, doch genau das wird mir zum Verhängnis."

Malu grummelte. „Das ist doch wieder mal voll doof. Jedoch denke ich, dass dir das egal sein sollte, was andere denken, dafür hast du gar keine Zeit, dir darüber Sorgen zu machen. Du solltest dein Leben einfach genießen."

Claudia schmunzelte. „Malu, das mache ich, doch das Wissen ist schon eine Herausforderung. Man hat ja Wünsche und Träume und plötzlich reicht die Zeit nicht mehr dafür."

„Das kann ich mir gut denken, doch noch ist Zeit, du musst sie nur sinnvoll nutzen."

„Glaube mir, das mache ich. Ich bringe alle Dinge in Ordnung und umgebe mich mit den Menschen, die mich und meine Situation so nehmen, wie sie eben ist. Ich bin keine Person, die jammert, damit kann man auch nichts ändern. Glaube ich an Wunder? Manchmal schon. Da denke ich, na kann ja trotzdem noch gut gehen, doch dann gibt es Momente, wo ich weiß das dieses Wunder nicht eintreten wird."

Malu überlegte. „Ich habe da mal eine Frage, so aus deiner Sicht heraus. Was wünscht du dir, das die Menschen zu dir sagen?"

Claudia überlegte. „Naja was ich nicht hören will, ist *Oh mein Gott, wie ist das passiert, du tust mir leid* oder *selber Schuld, geschieht ihr recht, Pech gehabt.* Doch was würde ich gern hören? die Frage ist echt schwierig. Eigentlich hast du vorhin schon was gesagt, das ich gerne hören würde.“

Malu überlegte. „Was habe ich denn gesagt?“

„Du hast gesagt: *Komm, ich drück dich mal*. Das war schön, besser als viele Worte. Gerne würde ich auch mal hören: *Hey, du bist nicht alleine außer du willst es sein* oder *ich kann nicht nachfühlen, wie es dir geht, doch ich bin für dich da, wenn du mich brauchst*.“

Malu seufzte. „Ich denke, dass es schwer für Außenstehende ist, das Richtige zu sagen. Selbst mir fällt es schwer. In der tiefsten Not lernt man seine wirklichen Freunde kennen, sagte mir mal jemand, und ich denke, da steckt viel Wahres drin. Du solltest dir keine Gedanken darüber machen, was Menschen reden und was nicht, denn deine Zeit ist knapp bemessen. Halte dich an die, die dich schweigend in eine Umarmung nehmen und mit dir die Tage genießen, die noch übrig sind. Ich kenne einen sehr schönen Spruch: Da man niemals weiß, wie lange der gemeinsame Weg ist, sollte man für jeden Meter dankbar sein, den man zusammen geht.“

Claudia lachte auf. „Das stimmt und ich habe einen Vorteil, denn ich kenne dich und deine Freunde und ich weiß etwas mit großer Gewissheit, nämlich dass die Glühwürmchen auf mich warten, dass ich bald mit ihnen tanze.“

„Das ist sicher, daran geht kein Weg vorbei, du wirst mit ihnen tanzen. Doch noch ist es nicht so weit. Denke immer daran, was Mirko gerne sagt: Das Schicksal ist wandelbar, oft geschehen Wunder, wenn man gar nicht mehr daran glauben mag.“ Malu grinste. „Kennst du die Geschichte von der kleinen Ameise Keena?“

„Nein die kenn ich nicht.“

Malu überlegte. „Ok, dann will ich sie dir erzählen. Es war einmal eine Ameise, sie hieß Keena. Wie alle Ameisen sammelte sie alles Mögliche, was sie finden konnte und schleppte es in den Bau. Tagein, Tagaus war sie zugange, immer in Reih und Glied. Die Ameisenstraße rauf und runter. Irgendwann dachte sie so bei sich: Das kann doch nicht alles sein, was sie im Leben machen sollte. Vor lauter nachdenken blieb sie stehen. Die Ameisen hinter ihr stutzen kurz und setzten ihren Weg um sie herum fort. Das machte sie noch nachdenklicher. Warum blieben die anderen nicht auch stehen, immerhin hat sie ja die Schlange angehalten. Nein das stimmte so nicht. Sie hat den Ameisenkonvoi gar nicht angehalten, alle setzten ihren Weg fort, nur um sie herum. Alles ging weiter wie immer, nur sie stand mitten auf der Straße und bewegte sich nicht. Ihr Glauben war immer, dass sie mit dem Strom schwimmen muss, um zu überleben, doch nun merkte sie auf einmal, dass dem nicht so war. Sie dachte auch immer, wenn sie stehen blieb, fielen alle anderen über sie drüber. Es war egal, ob sie mitlief oder stehen blieb, es passierte kein Unheil. Lange grübelte sie darüber nach, dann machte sie einen vorsichtigen Schritt zur Seite, nix passierte, noch einen, immer noch nix passierte. Na super, dachte sie so bei sich, und ich Volltrottel habe mein Leben damit verbracht, immer in der Schlange zu laufen. Sie hüpfte freudig auf und krabbelte mal dahin und mal dorthin. Auf einmal fühlte sie sich frei, sie ging ihren eigenen Weg. Viel Zeit hatte sie damit verbracht, das zu tun, was sie dachte, tun zu müssen. Doch die neue Erkenntnis gab ihr neue Kraft.“

# KEENA

**Die Tapfere**

Malu zwinkerte Claudia zu. „Sie war die eine Ameise, die am längsten lebte und am glücklichsten war, denn sie kostete jede Minute ihres noch verbliebenen Lebens aus, um ihren eigenen Weg zu gehen."

Claudia schüttelte sich vor lachen. „Malu, die hast du dir doch gerade ausgedacht, so eine Ameise gab es nicht."

Malu legte die Flügel vors Gesicht. „Doch, die Ameise Keena gab es und ihre Geschichte brachte dich zum Lachen, das macht sie am wertvollsten."

Claudia zwinkerte Malu zu. „Du bist mir vielleicht einer, doch genau das habe ich gebraucht. Danke dir dafür, du hast mir einen schönen Augenblick geschenkt, denn das Gespräch mit dir macht mich glücklich."

Malu gluckste. „**Das sind die Starken im Leben, die unter Tränen lachen, ihr eigenes Leid verbergen und andere glücklich machen**. F. Grillparzen. Du machst mich auch glücklich, denn ich durfte dich kennenlernen, und das ist ein schönes Geschenk."

Claudia zwinkerte eine Träne weg und streichelte Püppy. „Wir werden uns wiedersehen, irgendwann treffen wir uns alle wieder."

Malu flatterte auf. „Ich sage au revoir, auf Wiedersehen, denn das werden wir."

Claudia winkte ihm zu, sie dachte so bei sich: „Augenblicke sind so kostbar und nun habe ich auch einen Malu in meinem noch kurzen Leben."

Diese Geschichte ist zum Andenken an meine unheilbar kranken Freundin und Testleserin Claudia geschrieben. **„Au revoir", sagt Malu.**

## Tränen sind Regentropfen

Mirko hing verdrossen vor seinem kaputten Netz. Er grummelte vor sich hin, als Malu anflog. „Mirko, was grummelst du? Heute nicht am weben?“, fragte er.

Mirko seufzte. „Ach, Malu, heute war ein Sturm und der hat meine schönen Netze kaputtgemacht und nun muss ich erst mal die Reste wegräumen, um wieder neue zu weben. Ich war so fleißig und hatte ganz viele. Es regnet schon den ganzen Tag und ich freute mich so auf das Glitzern. Doch dann kam der Wind und nun sind sie alle dahin.“

Malu lachte. „Mirko dann fängst du eben an, Neue zu weben, wo ist das Problem?“

„Malu, sie waren wunderschön und nun …“

„Mirko, auch die nächsten werden wunderschön, du weißt doch, Schönheit ist vergänglich und macht Platz für Neues.“

Mirko wischte sich eine Träne weg. „Ja du hast recht, ich habe mir einfach einen Moment gegönnt zu trauern, doch nun geh ich wieder mit neuen Elan an die Arbeit und diese werden noch schöner. Wenn du morgen früh zurückkommst, kannst du sie bewundern, mit Glitzer, denn es regnet.“

Malu flog aus der Höhle und ihn trafen die Regentropfen. Er flog einen Looping, jauchzte und flatterte Richtung großer Eiche. Es war so schön, durch den Regen zu fliegen. Das kühle Nass erfrischte und der Klang des Waldes war durch die Regentropfen gedämpft. An der Eiche angekommen hängte er sich in die mächtigen Äste und wartete auf Sophia. Es dauerte nicht lange und die glitt lautlos herbei. Ihr Gefieder glitzerte im Abendrot. „Oh, wie schön, du glitzerst, das würde Mirko gefallen.“

Sophia landete auf dem Ast neben Malu und schüttelte sich. Malu prustete. „Hey jetzt habe ich eine Dusche abbekommen."

Sophia schmunzelte. „Ist er nicht toll, dieser Regen? Die ganze Natur freut sich. Komm, lass uns fliegen, denn hier zwischen den Blättern bekommen wir gar nichts ab."

Beide flogen sie auf. Sophia voran, ging es durch den Wald. „Wohin fliegen wir?", fragte Malu.

„Lass dich überraschen, heute machen wir mal eine ganz andere Route."

Ganz sachte benetzte sie der Regen, während sie so dahin flogen. Stellenweise lichteten sich die Wolken und der Mond lugte hervor. Sie flogen quer durch den Wald, überflogen einige Wiesen und Felder bis sie zu den Dünen kamen, dort flog Sophia eine Schleife rauf zu den großen Klippen, die ins Meer ragten. Vereinzelt standen Bäume herum und auf einem von diesen ließ sie sich nieder.

„Schau, Malu, wie gewaltig das Meer aufschäumt und seine Wellen gegen die Klippen schlägt. Rieche den Duft des Salzes, der sich mit dem Regen vermischt. Ist es nicht wunderschön?"

Malu atmete durch. „Es ist fantastisch, trotz des Regens ist es ein toller Anblick, so geheimnisvoll und doch so gewaltig."

Sophia lachte „Hörst du das Singen der Wellen, sie freuen sich auch, dass es regnet."

Malu sah sich um und entdeckte unterhalb der Klippen einen kleinen Überhang. Es sah aus, als wäre dort der Eingang in eine Höhle. „Sophia lass uns dorthin fliegen, da sind wir etwas geschützt, können jedoch alles beobachten."
Sie flatterten beide zu dem Überhang und flogen hinein. Plötzlich schrie etwas auf. „Hilfe, was ist das?"

Malu erschrickte und flog gegen den Fels. Bumm, er stürzte ab und lag, die Flügel weit von sich gestreckt, im Sand auf dem Boden. Er schüttelte sich und setzte sich auf. „Boah, was für ne Bruchlandung, wer hat hier so geschrien?"

Sophia landete leise neben ihm. „Ich glaube, wir sind hier nicht alleine."

Malu sah sich um, in der gegenüberliegenden Ecke kauerte ein kleiner Junge. Er zitterte und hatte sein Gesicht mit den Händen bedeckt. Malu kroch näher. „Hey, du brauchst keine Angst vor uns zu haben, wir tun dir bestimmt nichts. Ich bin Malu und das ist Sophia. Sag uns, was machst du im Dunkeln hier alleine und noch bei dem Wetter?"

Der Junge blickte auf. „Hallo ich bin Felix und ich sitze einfach so hier rum."

Malu gluckste. „Das glaub ich dir nicht, keiner sitzt einfach so hier rum bei dem Wetter und schon gar nicht ein kleiner Junge."

Sophia legte den Kopf schief. „Mal ganz ehrlich, Felix, ich denke mir, du bist ausgebüxt oder du hast dich verlaufen. Sicher sucht man dich schon."

Felix grummelte. „Ach, ihr wisst gar nichts, es ist alles total doof."

„Erzähl uns doch mal, was doof ist und wir sagen dir dann, ob du recht hast", sagte Malu.

Felix überlegte „Naja, bei dem Wetter kann ich jetzt eh nicht weg, also kann ich auch mit euch reden. Alles ist doof, naja, fast alles. Wir machen hier Urlaub in einem kleinen Häuschen oberhalb der Klippen. Es fing schon heute Morgen an, ich stand auf und es regnete, dabei wollten wir im Meer schwimmen gehen. Papa sagte, wir machen es uns einfach im Haus bequem. Das fand ich total doof, da hab ich das Meer vor der Tür und soll im Haus bleiben. Also zog ich mir ne Jacke an und ging raus. Papa meinte wieder, es sei zu gefährlich, und holte mich wieder rein. Ich war so frustriert, dass mir Tränen aus den Augen liefen. Daraufhin sagte mein Vater, Jungen weinen nicht. Das frustrierte mich noch mehr, denn ich konnte nix dagegen tun, die Tränen liefen einfach. Ich ging in mein Zimmer, schaute zum Fenster raus und bekam einfach nur den Drang, rauszugehen. Als Mama und Papa sich für ein Stündchen hinlegten, schlich ich mich durch die Tür. Ich lief lange am Strand lang und dachte darüber nach, was Papa zu mir sagte. Irgendwann merkte ich, dass es immer mehr regnete und ich krabbelte in diese Höhle. Bin wohl eingeschlafen. Tja, und nun komm ich im Augenblick nicht zurück, denn im Dunkeln ist es zu gefährlich." Sophia schüttelte den Kopf. „Ok, das habe ich alles verstanden, doch warum bist du eigentlich rausgelaufen, was war das für ein Drang, der dich nach draußen zog?"

Felix schniefte. „Papa sagte, Jungen weinen nicht. Ich war so wütend auf Papa, weil er das gesagt hat, und auf mich, weil ich geweint habe. Ich weiß ganz genau, dass Papa auch schon geweint hat, damals, als Oma starb. Ich fand das einfach gemein, was er sagte, deshalb bin ich weggelaufen. Ich wollte ja wieder zurück."

Jetzt schüttelte Malu den Kopf. „Weißt du, ich denke, dass dein Vater es gar nicht so gemeint hat, manchmal sagen Erwachsene zu ihren Kindern etwas, ohne darüber nachzudenken, dass sie diese damit verletzen können."

Sophia schmunzelte. „Ich finde es nicht schlimm, wenn man weint und auch Jungen dürfen weinen."

Es raschelte am Eingang und eine große Schildkröte kroch herein. „Hallo, ist da jemand?"

Malu grinste. „Hey, ist das Horacia, wir haben uns schon lange nicht gesehen.“

Horacia lachte. „Malu und Sophia, welch eine Freude, was hat euch hierher getrieben?“

Sophia sprach: „Wir sind den Regentropfen gefolgt und dann wir hier in dieser Höhle gelandet und haben Felix gefunden, einen kleinen Flüchtling. Sein Papa war gemein zu ihm.“

Horacia lächelte. „Was hat der Papa denn getan?“

Felix grummelte: „Er hat zu mir gesagt, Jungen weinen nicht.“

„Ah, das alte Lied, viele denken, Tränen zeigen Schwäche, doch im Gegenteil, Tränen sind Stärke, Stärke, seine Gefühle zu zeigen. Leider ist es einfacher zu sagen, Jungen weinen nicht, denn dann muss sich niemand mit der Frage beschäftigen, warum man es tut und was für Gefühle dahinterstecken.“

Felix schnaubte. „Das ist doch voll doof. Doch du hast recht, er sagte das nur und ließ mich stehen. Er fragte nicht mal, warum mir die Tränen über das Gesicht liefen.“

Malu verdrehte die Augen „Wieder mal typisch Erwachsene, schnell ne doofe Aussage und sich dann aus der Situation rausziehen.“

Horacia zwinkerte. „Ich möchte euch gerne eine Geschichte erzählen, lasst uns alle am Eingang sitzen, dann können wir den Regentropfen lauschen und dem Gesang des Meeres, während ich erzähle.“

Alle machten es sich am Eingang bequem und Horacia fing zu erzählen an.

„Vor langer Zeit saß ein Mädchen am Meer auf einem Felsen. Es versuchte krampfhaft, nicht zu weinen. Eine einzelne Träne tropfte in die Wellen und nun schwamm sie alleine durch den großen Ozean. Sie war traurig und einsam. Sie ließ sich mit den Wellen treiben, immer weiter. Doch plötzlich sah sie vor sich ein Leuchten und schwamm darauf zu. Es glitzerte und funkelte. Es kam von oben und es sah aus, als würden viele kleine Diamanten auf die Wellen treffen.

„Hallo, seid ihr auch Tränen?“, fragte sie.

„Nein, wir sind Regentropfen“, bekam sie zur Antwort.

„Was sind Regentropfen?“

Die Regentropfen schauten sie an. „Weißt du, wir sind vieles, wir stehen für Macht, wenn wir zu viele sind, dann können wir zerstören, doch wir stehen auch für Freude und Leben, denn wir bringen der Natur Nahrung, dass sie wachsen kann. Manche freuen sich, wenn sie uns sehen, und andere wiederum schimpfen, wenn wir kommen. Doch am Ende bringen wir Leben und frischen Atem für die Natur. Selbst hier im Ozean bringen wir Reinigung und Erfrischung.“

Die Träne dachte über das Gesagte nach. „Dann bin ich so wie Ihr, auch ich stehe für Freude, doch auch für Leid, Schmerz und Frust. Manchmal fließe ich aus Trauer und Schmerz, dann wieder, weil jemand sich ärgert, doch oftmals auch aus Freude. Ich habe mich rausgeschmuggelt, denn ich sollte nicht fallen, doch gerne wäre ich aus Freude geflossen.“

Die Regentropfen lachten. „Wir haben so viel gemeinsam. Doch warum bist du alleine?“

Die Träne überlegte. „Das kommt daher, dass niemand mehr weint, sie sehen das als Stärke an, ihre Tränen zu verbergen und zurückzuhalten. Nur einzelne von uns finden ihren Weg in die Freiheit.“

Die Regentropfen schauten ganz entsetzt. „Das ist schlimm, so ist es doch etwas Schönes, Befreiendes, Tränen zu vergießen, egal, aus welchem Grund."

„Wir geraten in Vergessenheit, viele wissen nicht mehr, wie man weint, weil sie ihre Gefühle nicht zugeben." Die Träne schwieg eine Zeit lang. „Wisst ihr, ich bringe so viel Kraft, doch keiner merkt es. Wenn man es genau nimmt, bringe ich, egal, aus welchem Grund ich fließe, immer Erleichterung und Freiheit. Ihr Regentropfen seid wie Tränen, nur dass ihr einfach fallt, ohne nachzudenken."

Die Regentropfen schmunzelten. „Ja, wir sind Tränen des Himmels, denn dort wird nicht darüber nachgedacht, ob wir fallen oder nicht, wir tun es einfach. Kleine Träne, schließ dich uns an, bald wird die Sonne uns zurückholen in den Himmel und dann kannst du mit uns fallen."

Die Träne freute sich und schwamm mit den Regentropfen mit. Einige Tage später bemerkte sie einen Sog, sie wurde emporgezogen in den Himmel. Es war traumhaft schön. Sie hatte noch nie etwas Vergleichbares gesehen. Dann kam der Tag, auf den sie gewartet hatte, sie fiel mit den Regentropfen gen Erde. Sie brach durch die Wolken, sah das Meer vor sich und mitten in den Wellen stand das Mädchen, reckte die Arme in die Luft und lachte. Aus ihren Augen rollten Tränen. Die Träne schwebte darauf zu und tauchte ins kühle Nass. Da waren sie, die Tränen der Freude, und sie schwamm zwischen ihnen, vermischte sich mit den Regentropfen und tanzte durch die Wellen. Da verstand sie, Tränen sind Regentropfen der Seele."

Horacia schaute alle an. Felix überlegte und schaute in den Regen. „Schaut sie euch an, sie fallen und niemand kann sie aufhalten. Genau wie ich die Tränen heute Morgen nicht aufhalten konnte. Mir ging es danach auch etwas besser, wenn mich auch die Aussage meines Papas verstört hat."

Malu gluckste. „Du hast einfach deinen Gefühlen freien Lauf gelassen, dadurch hast du dich befreit. Tränen zu vergießen ist keine Schwäche und auch nicht nur den Mädchen vorbehalten. Jeder darf weinen, ob alt oder jung, als Junge oder Mädchen, das ist egal. Tränen sind die Regentropfen der Seele, wir brauchen uns nicht deswegen zu schämen. Im Gegenteil, sie befreien uns und machen uns glücklich."

Felix lauschte. „Ich höre Papa nach mir rufen, sicher hat er sich viele Sorgen um mich gemacht." Er krabbelte aus der Höhle und lief seinem Papa entgegen. Dieser schwang ihn hoch und lachte und weinte zugleich. Er drückte Felix fest an sich, ihm liefen die Tränen über das Gesicht. Felix hob den Kopf. „Papa, Jungen weinen nicht."

Ganz entsetzt schaute der Vater seinen Sohn an. „Ja, du hast recht, ich war feige ich wollte deinen Schmerz nicht sehen, doch nun, da ich dich wiederhabe, möchte ich dir eine Geschichte erzählen, die ich als kleiner Junge einmal gehört habe …"

Felix lachte „Die Geschichte von der Träne und den Regentropfen ..."

Der Vater stutzte. „Du kennst sie …"

„Papa, schau in die Wogen des Meeres dort schwimmen Tränen und Regentropfen gemeinsam umher."

Felix drehte sich zur Höhle um und winkte. Malu, Sophia und Horacia winkten zurück.

Malu schnaubte. „Es ist immer wieder schön, wenn wir jemandem helfen konnten, etwas besser zu verstehen. Doch eines verstehe ich immer noch nicht an der Geschichte.

Warum stand das Mädchen im Meer und lachte unter Tränen."

Horacia schmunzelte. „Nennen wir es Euphorie, sie war einfach glücklich. Warum, das spielt keine Rolle, wichtig ist nur, dass sie ihren Tränen freien Lauf ließ. Es sind die mächtigsten Tränen, die es gibt, die Tränen der Freude, denn diese lassen sich am wenigsten zurückhalten."

Sophia seufzte. „Malu, man weint eher aus Freude als aus Schmerz. Das ist leider die falsche Denkweise der Menschen. Seinen Schmerz, sein Leid und seine inneren Ängste durch Tränen zu reinigen, sehen sie als Schwäche an, obwohl dies eine Stärke wäre. Denn sie würden zu ihren Gefühlen stehen und ihre Seele damit erleichtern. Freudentränen zu vergießen bedarf keiner Überlegung, die Macht der Freude und Liebe ist stärker, sie lässt die Tränen einfach fließen."

Malu schüttelte den Kopf. „Typisch da wollen sie alle so stark sein und doch sind sie so schwach, wenn sie nicht mal erkennen, was ihnen gut tut."

Horacia lachte laut auf. „Ich verabschiede mich, macht es gut, bis zum nächsten Mal." Sie schlich davon.

Sophia schaute Malu an. „Schau, alle bringen sie Leben, Regentropfen wie Tränen."

Sie flogen empor und Malu sah am Strand Felix und seinen Papa im Regen sitzen. Er flatterte darauf zu und flog mit Sophia Kreise um die beiden. Sie lachten, Felix streckte die Arme in die Luft und Malu sah, dass ihm Tränen über die Wangen liefen und sich mit den Regentropfen vermischten. Genau so sollte es sein, so werden Seelen gereinigt. **Einfach mal vor Freude weinen.**

## Tyrese ein magischen Wesen

Malu reckte sich und streckte sich. Dann faltete er seine Schwingen auseinander und schaute sich in seiner Höhle um. Nichts Außergewöhnliches. Er flog zum Höhlenausgang und da sah er es schon von weitem glitzern. Wow, lauter kleine Diamanten funkelten vor seinen Augen. Er flatterte darauf zu und bremste davor ab. Na toll, dachte er so bei sich, typisch Mirko. „Mirkooooo, wie soll ich jetzt nach draußen kommen?“, rief er.

Mirko seilte sich vor ihm ab. „Schau, wie toll es funkelt und glitzert, der abendliche Tau hat sich auf meine Netze gelegt. Es ist so wunderschön.“

Malu lachte. „Sehr schön, vor allem, wenn jetzt die Abendsonne ihre Strahlen darauf fallen lässt. Doch sage mir, wie soll ich nun nach draußen fliegen, wenn der ganze Ausgang mit deinen Netzen voll gewebt ist?“

Mirko grinste. „Ha, ich hab an alles gedacht, du musst unten durchkrabbeln.“

Malu verdrehte die Augen. „Na supi, hoffentlich sieht mich keiner dabei, eine Fledermaus, die am Boden unter einem Spinnennetz durchrobbt, echt krass. Doch ich will dir die Schönheit nicht zerstören, also werde ich für dich kriechen. Was tut man nicht alles für Freunde.“ Malu flatterte zum Boden und robbte auf dem Bauch, die Flügel fest an den Körper gelegt, durch den kleinen Spalt, den Mirko gelassen hatte. Es sah urkomisch aus.

Mirko schüttelte sich vor lachen. „Eine robbende Fledermaus, juhu, ich bin ein Entdecker, so habe ich eine neue Gattung gefunden.“

„Haha, wenigstens hattest du deinen Spaß, lass bloß die Lücke frei, dass ich morgen früh wieder rein robben kann“, sagte Malu und flatterte auf in den Abendhimmel. Überall glitzerte es, durch den Regen der vergangenen Tage lagen noch Tropfen auf den Bäumen und es stieg Nebel vom Waldboden auf. Es war ein verwunschenes Bild, das sich bot. Irgendwie geheimnisvoll und magisch. Malu flog mittendurch und bewunderte die Schönheit, die sich um ihm herum entfaltete. Als er an einer Waldlichtung ankam, traute er seinen Augen nicht. Vor ihm mitten auf der Lichtung stand majestätisch und kraftvoll Tyrese, der Achtender. Vom Boden stieg der feuchte Nebel empor und ließ ihn wie ein magisches Wesen erscheinen. Einen so kraftvollen Hirsch gab es schon lange nicht mehr. Malu war wie verzaubert und ließ sich auf einem Ast nieder.

„Tyrese, sei gegrüßt, schon lange haben sich unsere Wege nicht mehr gekreuzt. Was ist der Grund, dass du dich zeigst?"

Tyrese schaute zu Malu. „Sei gegrüßt, Malu, wir trauern unseren Seelen nach, die nie eine Chance bekamen, das Leben zu genießen."

Entsetzt schaute Malu auf. „Was ist passiert? Es ist keine Jagdsaison zur Zeit."

Tyrese hob majestätisch den Kopf. „Nein, doch wir verloren so viele Kitze wie nie. Unser Lebensraum hat sich so eng eingeschränkt. Wir haben kaum noch einen Platz, wo wir sicher sind. Auch die Rehe haben das gleiche Problem. Es gab Zeiten, da konnten wir frei durch den Wald streifen, doch nun lauert überall Gefahr. Die größte Gefahr, der wir ausgesetzt sind, sind freilaufende Hunde. Unsere Kinder sind versteckt, doch wittern sie Gefahr, springen sie auf und werden zur Beute. Dazu kommt noch, dass immer mehr Felder und Wiesen als Freilaufflächen benutzt werden, gerade in den Abend- und Morgendämmerungen ist es beliebt, doch das ist auch unsere Zeit."

Malu dachte darüber nach. „Ich hörte, die Menschen sagen, dass immer weniger von euch zu sehen sind, doch jetzt verstehe ich, warum."

Tyrese nickte „Wir verstecken uns, gehen erst im Dunkeln raus. Es gibt einige geschützte Flächen, doch reichen diese lange nicht aus. Selbst die Wildhasen ziehen sich zurück. Früher sind sie auf den Feldern rumgesprungen, doch nun sind sie froh, wenn sie einen Platz finden, an dem sie sich verstecken können."

Es raschelte zwischen den Bäumen und ein Rottier trat hervor. „Mahalia, schau, wen ich getroffen habe."

Mahalia trat zu Malu. „Schön, dich zu sehen, Malu, heute Nacht sind wir sicher, denn kein Mensch verirrt sich in den Wald, wenn der Nebel darin liegt."

Malu nickte Mahalia zu. „Du bist majestätisch wie immer und ihr gebt ein wunderschönes Paar ab. Es ist traurig, was mir Tyrese erzählt hat, und ich werde versuchen, euch zu helfen. Der Mensch hat ein liebstes Tier, das ist der Hund. Sein treuer Begleiter und Freund. Doch was er nicht sieht, ist, dass in diesem Freund ein Tier steckt, ein Raubtier mit Jagdinstinkt. Auch wenn ihr schnell seid, die Wälder sind eine Gefahr durch umgestürzte Bäume und Unrat, sodass die Verletzungsgefahr für euch sehr hoch ist. Ich werde zu meinen Freunden fliegen und beratschlagen, wie wir diese Sache angehen können."

Tyrese und Mahalia nickten ihm zu. „Wir freuen uns über jede kleine Hilfe, die wir bekommen. Selbst als es so heiß war und wir Wasser bekamen von aufmerksamen Menschen, war dies eine große Hilfe. Sie sind nicht schlecht, die Menschen, nur von Zeit zu Zeit einfach zu unvernünftig, da sie denken, etwas in der Hand zu haben, das sie jedoch nicht beherrschen können.“

Malu winkte beiden zu und flog quer durch den Wald zur Siedlung. Als er das große Feld erreichte, stutzte er. Wow, da saß jemand auf dem Hochstand am Waldrand. Um diese Zeit eher ungewöhnlich. Also flatterte er darauf zu und hing sich an eine Strebe.

„Hallo, was machst du zu dieser Nachtzeit hier?“

Der Mann hob den Kopf „Na das ist mal eine schöne Überraschung, ich kenne dich, du bist Malu.“

Malu kicherte. „Echt lustig, wie viele mich kennen, du bist der Förster, ich habe dich schön öfters gesehen. Doch warum sitzt du heute Nacht hier, worauf wartest du?“

„Ich bin Jacob, der Förster, und ich sitze hier, weil ich auf unser Rotwild warte. Immer weniger finden den Weg auf die Wiesen im Abend- und Morgenrot. Die Bestände nehmen ab. Auch Wildhasen lassen sich nur noch selten sehen. Es gab Zeiten, da tummelten sich zehn bis zwanzig Ricken und Hirsche hier auf dem Feld nun muss man froh sein, wenn man in einer Nacht mal einen sieht.“

Malu legte den Kopf schief. „Jacob, du weißt, woran es liegt, ich habe gerade Tyrese, den Achtender, getroffen und sie verstecken sich, weil die Gefahr zu groß wird für ihren Nachwuchs und für sie selbst. Es sind die Hunde, die frei durch den Wald laufen und immer wieder ihre Kitze aufscheuchen und jagen.“

Jacob seufzte. „Das stimmt, Malu, leider glauben viele Hundebesitzer, dass ihr Hund auf jeden Befehl hört. Das mag auch so sein. Doch ist es meist zu spät und das Wild wird aufgescheucht und durch die Flucht wird es unvorsichtig, verletzt sich und verendet qualvoll. Das sehen die Hundebesitzer nicht, wichtig für sie ist, dass der Hund kehrt gemacht hat. Dass das Unglück schon passiert ist, dass sehen die nicht. So werden Kitze von ihren Müttern getrennt. Ausgewachsene Tiere verletzen sich auf der Flucht durch gebrochene Beine und Ähnliches und ihre Kitze bleiben zurück und verhungern. Immer wieder finden wir verendete und verletzte Tiere, denen wir den Gnadenschuss geben müssen. Leider ist es uns unmöglich, die dazugehörigen Babys zu finden."

Malu schaute erschreckt. „Das ist echt traurig, warum sind Menschen so unvernünftig und dann auch noch stolz darauf, dass ihr Hund gehört hat, obwohl der Schaden schon angerichtet ist?"

„Den Hund trifft keine Schuld, es liegt in seinen Genen zu jagen, doch liegt es in der Verantwortung des Menschen. Selbst Wildhasen sind schnell und können ohne weiteres entkommen, doch lassen sie ihre Kinder zurück und ihr Herz ist für so eine Flucht nicht ausgelegt. Sie ziehen sich immer weiter zurück. Es gibt fast keine mehr. Was früher eine Plage war, ist heute ein Wunder, wenn man einen sieht."

Malu grummelte. „Es sollte mehr Aufklärung stattfinden, mehr Hinweisschilder geben und vor allem mehr Aufsicht und Kontrollen, damit unser Rotwild wieder freier leben kann. In Tiergärten werden sie bewundert doch in freier Natur gejagt. Es ist so eine traurige Welt."

Jacob schüttelte den Kopf. „Wer einmal einen Achtender wie Tyrese gesehen hat, seine majestätische Haltung, seine Kraft und Stärke, nur derjenige kann verstehen, was für eine Magie in diesen Tieren steckt und warum sie geschützt werden müssen. Nur leider haben sie nicht die Möglichkeit, sich sehen zu lassen."

Malu überlegte. „Weißt du, viele schimpfen darüber, dass sich der Wolf wieder langsam in Deutschland ansiedelt und auch der Luchs, es wäre eine Gefahr im Wald. Doch die wirkliche Gefahr lauert nicht in Form von Wolf, Fuchs und Luchs, sondern vom verantwortungslosen Menschen. Wir alle sind Fluchttiere, wenn wir angegriffen werden, flüchten wir lieber. Gefährlich sind wir alle nicht, solange man uns unseren Raum zum Leben lässt.“

Jacob schmunzelte. „Naja, wenn man bedenkt, dass der Hund vom Wolf abstammt …“

Malu lachte. „Wohl wahr, jedoch ist es nicht der Hund, der die Gefahr bringt, sondern der Besitzer. Wölfe jagen, alle Tiere jagen, um nicht zu verhungern, das ist der Kreislauf des Lebens. Der Mensch jagt zu bestimmten Zeiten im Jahr, auch das liegt ihm im Blute. Menschen waren schon immer Jäger und Sammler. Um den Kreislauf gesund zu halten, ist das auch vertretbar. Ich lebe von Insekten und doch nehme ich nur das, was ich benötige, um meinen Energiehaushalt wieder auf zu tanken. Obwohl selbst meiner Gattung es immer schwerer fällt, Falter zu fangen, denn die Lichtquellen, die diese anziehen, gibt es nicht mehr. Durch das neue Licht ist es selbst für unsereins schwerer geworden zu jagen.“

Jacob seufzte. „Selbst daran hat man nicht gedacht, dass dies ein Problem werden könnte für einige Zeitgenossen. Unsere Wälder waren immer voll mit den verschiedensten Tierarten. Ich kenne noch Zeiten, in denen Ringelnattern und Feuersalamander zwischen den Füßen durchhuschten, heute geht man Stunden durch den Wald und nur mit etwas Glück sieht man einen. Wildhasen sind noch seltener zu sehen und so gewaltige Tiere wie Tyrese und seine Hirschkuh Mahalia grenzen an ein Wunder, wenn man sie erblickt. Wir sind einfach zu wenige, die sich darüber Gedanken machen. Freilaufende Hunde sind ein großes Problem, Mähdrescher das nächste. Wir versuchen Kitze zu retten, bevor gemäht wird, doch gibt es zu wenige Freiwillige und zu wenig Aufrufe seitens der Bauern, um es rechtzeitig zu schaffen. Ein kleiner knopfgroßer Teil von Menschen setzt sich dafür ein. Nennen wir es einen Anfang doch sind noch sehr viele Möglichkeiten offen."

Malu schnaubte. „Wir Tiere wollen doch nichts anderes, als in Frieden und ohne ständige Angst leben. Ich werde nie die Besitzer der Hunde verstehen, die stolz darauf sind, dass ihr Hund das Reh nicht gerissen hat. Am liebsten würde ich ihn neben das verletzte Tier setzen und die Qual miterleben lassen. Ich kenne Lucky, den Mischlingshund, einen Freund von uns, er geht an seiner Leine durch den Wald, nur auf seinem Fleckchen Erde, das ihm gehört, läuft er frei. Er sagte einmal zu mir: *Malu, es liegt in mir, wenn ich ein rennendes Tier sehe, dem ich folge und jage, das ist der Wolf in mir, wie als wenn ein Schalter umgelegt wird. Mich zu bremsen, vermag nicht mal ich selbst.* Weißt du, er würde das Reh oder das Eichhörnchen nicht erwischen doch der Schalter klickt, wie er immer so gerne sagt. Deswegen verlässt er sich auf sein Frauchen, das ihn führt, verantwortungsbewusst und vorausschauend."

Plötzlich bewegten sich riesige Schatten aus dem Dickicht des Waldes heraus. Jacob hielt die Luft an und auch Malu schaute fasziniert hin. Es war ein königlicher Anblick, der so voller Magie steckte, dass Jacob die Tränen aus den Augen liefen. Vom Mondlicht und dem Sternenzelt erhellt im Bodennebel des Feldes trat er hervor – Tyrese, der Kraftvolle, gefolgt von Mahalia, der Schönen, in ihrer ganzen Pracht mit erhobenen Geweihen. Aus dem Nebel flogen Glühwürmchen empor und erhellten die beiden Gestalten, als wären sie verzaubert. Immer mehr raschelte es im Unterholz und nach und nach kamen immer mehr Tiere zum Vorschein, die diese beiden magischen Gestalten bewundern wollten. Da waren sie, die Wildhasen, die Füchse und Dachse, die Luchse und Kleintiere. In den Bäumen ließen sich Eulen und Greifvögel nieder. Man kann es nicht beschreiben, wenn man es nicht mit eigenen Augen gesehen hat. Dieses Königspaar des Waldes war wunderschön in seiner Art. Malu merkte, dass auch ihm die Tränen entwichen. Er flüsterte Jacob zu: „Siehst du, nur, wer guten Herzens ist, dem zeigen sie sich, denn sie werden nie die Hoffnung aufgeben, dass es einen Menschen gibt, der sie versteht und ihnen hilft. Erzähle, was du heute hier gesehen hat, erzähle von den Gefahren, denen sie ausgesetzt sind, und vor allem fühle mit ihnen."

Jacob wischte sich eine Träne von den Augen und lächelte Malu zu. Dieser erhob sich in die Lüfte und flog zu Tyrese. „**Oftmals ist der Anfang einfach nur darüber zu sprechen, dann darüber nachzudenken, um am Ende etwas verändern zu können**."

Tyrese hob den Kopf und ein mächtiges Brüllen erscholl, dann drehte er sich um und verließ mit Mahalia die Lichtung. Malu flatterte durch den Wald und dachte: „Wow, wie prachtvoll, die Menschen wissen gar nicht, was ihnen durch ihre Unvernunft entgeht. Diese magischen Augenblicke, die einem die Freudentränen in die Augen treiben, die einem im inneren unvorstellbare Freude schenken und einem wunderschönen Frieden in die Seele zaubern."

Malu bremste ruckartig vorm Höhleneingang, ließ sich auf den Boden nieder und robbte hindurch. Mirko seilte sich zu ihm ab. „Malu, warum lächelst du und hast feuchte Augen?“

Malu jauchzte auf. „Ich bin glücklich. **Das Leben kann so schön sein, wenn man die kleinen magischen Augenblicke in sein Herz lässt**.“

Lächelnd flog er zu seinem Schlafplatz und im Traum sah er Tyrese und Mahalia auf der nebeligen Lichtung stehen.

## Bärenjagd

Wisal, der Waschbär, stolperte durch den Wald. Er hatte es sehr eilig. Als er in die Nähe der Höhle kam, rief er schon laut; „Mirkoooo, weck Malu auf – Mirkoooo!“

Mirko krabbelte herbei und sah Wisal entgegen. „Was machst du für ein Geschrei? Es ist noch früh am Abend, da kann ich Malu noch nicht wecken. Du musst dich noch ein Stündchen gedulden.“

Wisal flitzte näher. „Mirko, es ist aber wichtig, ich brauche Malu.“

Mirko schüttelte den Kopf. „Was ist denn los? Kann das nicht noch etwas warten.“

Wisal schnaubte. „Also, es geht um Leben und Tod. Am kleinen See foltern die Biber einen Bären.“

Mirko stutzte. „Wisal, einen Bären gibt es bei uns nicht, und wenn, dann wäre es umgekehrt. Ein Bär ist stärker als ein Biber.“

Wisal verdrehte die Augen. „Ich hab es genau gesehen, es ist ein Bär und sie stopften ihn als Füllmaterial in ihre Biberburg. Er quickte fürchterlich.“

Mirko überlegte. „Ok, ich hole Malu, mal sehen, was er dazu sagt?“ Schnell krabbelte er in die Höhle „Maluuuuu, ich glaube, jetzt hat es Wisal erwischt, er redet völlig wirres Zeug.“

Malu reckte sich und schaute zu Mirko. „Wann macht er das mal nicht?“, schmunzelte er. „Dann lass uns mal schauen, wie ernst die Lage ist.“

Malu flatterte zum Ausgang und flog um Wisal herum. Dieser tigerte hin und her, raufte sich den Kopf und grummelte vor sich hin.

„Wisal, hey, was ist los mit dir? Warst du zu lange in der Sonne?"

Wisal schaute auf. „Malu, ich war gar nicht in der Sonne, sie schien heute nicht, das ist aber jetzt auch egal. Du musst mitkommen und alle mitbringen. Wir müssen einen Bären retten."

Malu landete. „Einen Bären? Echt? Einen echten Bären? Wo ist der denn entlaufen?"

Wisal verdrehte die Augen. „Was weiß ich, ich konnte ihn nicht fragen. Die Biber haben ihn in ihrer Gewalt und sie foltern ihn, ich habe die Schreie gehört. Dann bin ich gleich zu dir gelaufen, denn alleine konnte ich ihn ja nicht retten."

Malu schaute zu Mirko und kniff ihn ein Auge zu. „Ok, Wisal, dann wollen wir mal zu Imani, dem Bussard, und ihn als Verstärkung mitnehmen, er ist viel größer und gefährlicher als wir, sicher kann er uns helfen. Ach, und Sophia nehmen wir auch mit. Nimm du Mirko mit, bei dir kann er es sich im Fell bequem machen. Ich fliege schon mal voraus, wir treffen uns am See."

Wisal schaute Malu nach. „Mirko, auch wenn ihr denkt, ich bin verrückt, doch ich habe einen Bären gesehen, ganz ehrlich."

Mirko schmunzelte. „Komm, lauf los, wir schauen nach, was die Biber gefangen halten."

Beide machten sich auf den Weg durchs Unterholz. Malu flog an der großen Eiche vorbei und winkte Sophia zu, ihm zu folgen, und flatterte dann geschwind zu Imani, der seinen Platz am See hatte. Dort ließen sie sich auf der großen Buche nieder. Imani rauschte herbei. „Guten Abend, ihr seid früh dran, was ist los?"

Malu grinste. „Also, Wisal sagt, die Biber foltern einen Bären und halten ihn gefangen."

Imani und Sophia brachen in Gelächter aus. „Einen echten Bären, haha, und die Biber halten ihn gefangen, hahaha." Imani schüttelte sich vor Lachen. Sophia wischte sich mit dem Flügel die Lachtränen aus den Augen. „Typisch Wisal, wer weiß, was er gesehen hat."

Malu grummelte. „Also, er kommt gleich mit Mirko hierher und dann werden wir zusammen versuchen seinen Bären zu befreien. Vielleicht ist er ja nur einsam und braucht jemanden zum Spielen. Ihr wisst, er hat eine rege Fantasie, also nehmt ihn ernst und versucht nicht zu lachen."

Kaum hatte Malu ausgesprochen, flitzte schon Wisal herbei. „Huhu, kommt schnell, ich zeige euch, wo. Er hat so gequickt, als die Biber ihn sich schnappten."

Alle warfen sich Blicke zu und folgten dann Wisal hinterher. Er flitzte ans andere Ende des Sees, wo die Binsen sehr hoch standen und auch einiges an Treibholz im See lag. „Pssst, kommt vorsichtig näher von hier aus habe ich es beobachtet."

Die drei glitten lautlos zu einem abgebrochenen Ast und ließen sich darauf nieder. Seitlich von ihnen raschelte es und Wisal zeigte mit seinen kleinen Pfoten Richtung Wasserrand. „Schaut, dort ist die Biberburg und da seht ihr auch ein Stück Bär heraushängen."

Malu schaute angestrengt zu der Burg. „Also, ich sehe nur das übliche Kunstwerk der Biber, ansonsten nix Auffälliges, vor allem keinen Bären."

Wisal seufzte. „Menno, die werden ihn ja nicht draußen zur Bewunderung hinstellen, die haben ihn bestimmt in ihre Burg geschleppt, und wenn du genau hinschaust, siehst du auch eine Pfote, die da raushängt."

Malu schaute Mirko an. „Sei so lieb, du bist der Kleinste, krabbel mal rüber und spioniere die Lage aus."

Mirko machte sich auf den Weg, krabbelte auf die Biberburg und schaute sich um. Dann kam er wieder zurück. „Also ich sehe und höre nix Ungewöhnliches."

Sophia flüsterte: „Achtung, die Biber sind im Anmarsch, duckt euch."

Alle machten sich ganz klein. Vor ihnen paddelten zwei Biber durchs Wasser und schleppten Äste hinter sich her. Der eine stutzte plötzlich, drehte sich um und kam genau auf die Freunde zu. „Hey, ihr braucht euch nicht zu ducken, wir haben euch schon gehört. Was macht ihr hier?"

Wisal ging in Kampfstellung. „Wir fordern die Herausgabe des Bären, den ihr gefangen haltet und foltert."

Malu verdrehte die Augen. „Wisal, so macht man sich keine Freunde, erst nachdenken, dann handeln."

Die Biber fingen schallend zu lachen an. „Bären … sagtest du gerade Bären, wir haben einen Bären gefangen. Sag mal, Waschbär, meinst du einen deiner Artgenossen oder einen richtigen Bären?"

Wisal schnaubte. „Haha, ich habe euch beobachtet, ihr habt ihn durchs Wasser zu eurer Burg geschleppt und er hat gequickt, und, ja, einen richtigen Bären."

Die Biber lachten noch mehr. Imani versuchte sein Grinsen zu verbergen und räusperte sich mit tiefer Stimme. „Passt auf, was haltet ihr davon, wenn wir einfach mal nachsehen? Wenn ihr keinen Bären gefangen haltet, habt ihr nichts zu befürchten und wir sind schnell wieder weg."

Malu zwinkerte den Bibern zu und diese lachten wieder. „Wisst ihr was, zeigt uns doch, was ihr in den letzen zwei Stunden in eure Burg geschleppt habt. Wenn da kein Bär dabei ist, dann ist alles gut."

Die Biber tuschelten miteinander. „Gut machen, wir, Moment wir sind gleich wieder da."

Die Biber schwammen davon. Kurz darauf schleppten sie Äste, Grünzeug und etwas an, das wie ein riesiger nasser Sack aussah. Wisal schrie auf. „Da, er ist tot, sie haben ihn umgebracht."

Alle schauten auf den komischen Sack, der im Wasser schwamm, auch die Biber stutzten. „Wo?", fragten alle wie aus einem Mund und schauten Wisal an.

„Seid ihr blind, ich sehe doch die Ohren." Er huschte ins Wasser und schnappte sich das sackartige Ding und zog es an Land. Als es aus dem Wasser ragte, erschienen zuerst Ohren, dann eine Bärenschnauze mit Augen und ein riesiger Körper. Alle schauten sie Wisal zu, wie er versuchte, den Bären wiederzubeleben. Er hieb auf seinen Bauch und da quickte der Bär und Wisal hüpfte erschrocken zurück. „Er lebt, kommt helft mir doch."

Malu schaute Sophia und Imani an. „Äh, Wisal, der ist nicht echt, das ist ein Plüschteddybär."

Wisal schaute auf den Bären, dann zu seinen Freunden und wieder auf den Bären. „Ähm, er hat doch gerade gequickt."

Die Biber bogen sich vor Lachen. „Mensch, ist der doof, der will einen Plüschbär zum Leben erwecken."

Imani schmunzelte. „Also, lasst uns doch mal vernünftig darüber nachdenken. Es ist ein Plüschteddy doch irgendwoher kommt er und sicher hat er jemanden, der ihn vermisst."

Sophia überlegte. „Sagt mal, wo habt ihr ihn gefunden?"

Die Biber überlegten. „Naja, er trieb heute Nachmittag am anderen Ende des Sees und da haben wir ihn mitgenommen, dachten, er ist gut zum füllen unserer Burgmauern.“

Mirko verdrehte die Augen. „Ist euch nicht der Gedanke gekommen, dass er vielleicht vermisst wird?“

Beide Biber schauten sich an. „Ups, daran haben wir nicht gedacht.“

Wisal machte sich am Bären zu schaffen und versuchte, das Wasser heraus zu drücken. Er knautschte ihn in allen Richtungen. „Ha, schaut, jetzt sieht er wieder etwas besser aus.“ Er untersuchte den Bären von allen Seiten, er trug einen Schal um den Hals. „Schaut mal, da steht etwas drauf.“

Sophia kam näher. „Zeig mal. Also, ich lese Sirius, das bedeutet Stern, doch mehr steht da nicht.“

„Mmh Sirius, sicher heißt der Bär so. Wir müssen versuchen, seinen Besitzer zu finden. Er kann ja nicht hier bei den Bibern bleiben“, sagte Mirko.

Wisal schlang seine Arme um den Bären und drückte ihn an sich. „Ich kann ihn doch behalten und auf ihn aufpassen. Vielleicht wollte ihn ja niemand mehr und man hat ihn einfach im See entsorgt.“

Malu seufzte. „Wisal, erstmal versuchen wir jemanden zu finden, und wenn sich keiner findet, darfst du ihn behalten. Doch bis wir unsere Suche abgeschlossen haben, darfst du auf ihn aufpassen.“

Wisal versuchte den Bären hinter sich her zu ziehen, er stolperte mehr, als dass er vorwärts kam.

„Dann macht es mal gut und wenn ihr wieder etwas findet, das komisch aussieht, dann sagt uns bescheid.“ Malu winkte den Bibern zu und flatterte mit Imani und Sophia zur Buche. „So, was machen wir jetzt? Wenn es nach Wisal geht, möchte er seinen geretteten Freund behalten“, überlegte Imani.

„Nein, das geht nicht, lasst uns zur Siedlung fliegen und uns umhören, vielleicht wird der Bär ja schon vermisst“, sagte Malu. Sophia und Malu flogen auf und Imani beobachtete Wisal, der verzückt am Seeufer mit dem Bär spielte. Mirko krabbelte den Stamm hoch. „Imani, schau ihn dir an, wie sollen wir ihm den Bären wieder wegnehmen, wenn sich ein Besitzer gefunden hat? Er scheint so glücklich zu sein.“

Imani schmunzelte. „Kommt Zeit, kommt Rat, noch ist es nicht so weit.“

Sophia und Malu erreichten die Baumgrenze und sahen dass einige Menschen mit Laternen Richtung Wald liefen.

„Was ist da los? Schau, Sophia, da sind Aylin und Jaro. Wollen wir sie fragen?“ Malu flog zu den beiden Kindern, die etwas abseits der Erwachsenen liefen. „Hallo, was passiert hier?“, fragte er.

Aylin schaute empor. „Ach, Malu und Sophia, guten Abend, schön, dass wir euch treffen. Es ist etwas Schreckliches geschehen. Sirius wird vermisst.“

Malu schaute Sophia an. „Sirius, kennen wir den?“

Jaro schaute auf. „Denke ich nicht, doch ihr kennt Cody. Er war heute Nachmittag mit seinen Eltern und seinem einjährigen Bruder Colin am See im Wald picknicken und dabei ging Sirius verloren. Nun schreit der Kleine die ganze Zeit und kann nicht schlafen. Also haben wir uns auf den Weg gemacht, um Sirius zu suchen.“

Sophia seufzte. „Sagt mal, was oder wer ist Sirius?“

Aylin lachte. „Ach, Sirius ist sein Teddybär.“

Von der Seite kam Cody herbei. „Hallo ihr beiden, schön, euch zu treffen. Könnt ihr uns helfen den Bären zu finden? Mein kleiner Bruder kann nicht schlafen ohne ihn.“

Malu schaute Sophia an. „Cody, ja, wir wissen, wo Sirius ist, und zurzeit befindet er sich in Sicherheit. Wollt ihr mitkommen, dann bringen wir euch zu ihm.“

Die drei Kinder schauten sich an. „Klar wir folgen euch, fliegt voraus, wir sagen nur kurz Papa bescheid, dann kommen wir.“ Cody flitzte zu seinen Vater und sprach mit ihm, dieser strich ihm über den Kopf, reichte seine Laterne an Cody weiter und schubste ihn zu seinen Freunden zurück. Cody kam herbeigerannt. „Also, kommt, Papa wartet hier auf uns.“

Sie machten sich auf den Weg zum See. Kurz vorm See flatterte Malu zu den Kindern. „Bevor wir Sirius holen, möchte ich euch etwas zeigen. Schleicht bitte ganz leise hinter mir her.“

Die Kinder ließen sich auf den Boden nieder und schlichen auf allen Vieren zwischen den Büschen hindurch, bis sie einen Blick auf das Ufer hatten. Malu und Sophia landeten lautlos neben ihnen. Alle schauten sie, was da vor ihnen geschah. Wisal saß am Ufer, knuddelte den Bären und sprach mit ihm. Dann ließ er sich neben ihm nieder, nahm ihn in seine Arme und streichelte seinen Pelz. „Seht ihr, da wird gleich jemand sehr unglücklich sein, wenn wir Sirius nach Hause holen“, flüsterte Malu.

Cody flüsterte zurück. „Ja, das sehe ich. Wisal hat einen neuen Freund gefunden, doch was machen wir jetzt? Colin braucht dringend Sirius zurück.“

Sophia seufzte. „So hart es auch klingt, doch wir müssen Sirius wieder zu Colin bringen. Vielleicht bringt es was, wenn Wisal mitgehen kann, und sieht, wie sich Colin freut, wenn Sirius wieder zuhause ist."

Aylin und Jaro schauten Cody an. „Das ist eine gute Idee, wir nehmen einfach Wisal auch mit. Dann kann er den Bären selbst zurückgeben, er hat ihn ja auch gerettet."

Malu flatterte auf zu Wisal. „Hallo Wisal, schau mal, wen wir mitgebraucht haben."

Wisal schaute auf und drückte den Bären noch fester an sich. „Hallo, warum kommt ihr mitten in der Nacht, das ist echt komisch."

Imani und Mirko stöhnten auf. „Das wird schwierig. Wisal, die drei sind hier, weil sie Sirius, den Bären, zu seinem Besitzer bringen wollen."

Wisal sprang auf und drückte den Bären noch fester an sich. „Nein, ich habe ihn gerade erst gerettet, er kann mich noch nicht verlassen."

Cody trat näher und setzte sich neben Wisal. „Schau, mein kleiner Bruder vermisst den Bären ganz sehr, er kann nicht schlafen und schreit die ganze Zeit. Er ist erst ein Jahr alt."

Wisal starrte Cody an. „Dann soll dein Papa ihm einen neuen Bären schenken, dann kann Sirius bei mir bleiben. Dein Bruder hat auch noch dich, doch ich habe nur den Bären."

Cody seufzte. „Wisal, so einfach ist das nicht. Was hältst du davon, wenn du mitkommst und den Bären nach Hause bringst. Wenn du das Gefühl hast, dass er sich dort nicht wohlfühlt und nicht geliebt wird, können wir überlegen ob er wieder mit dir mit darf."

Wisal überlegte, dann nickte er. „Ok, doch wenn er dort kein gutes Zuhause hat, dann nehm ich ihn wieder mit."

Alle atmeten auf, immerhin ein Anfang. Sie machten sich alle auf den Weg, denn sie wollten Wisal nicht alleine lassen. Cody nahm Wisal auf die Arme, da dieser den Bären nicht loslassen wollte und mit Bär nicht vorwärtskam. Als die drei Kinder am Waldrand ankamen, wartete dort schon Codys Papa mit einer Laterne auf sie. „Cody, wen bringst du da mit?“

„Papa das ist Wisal, er hat Sirius gerettet und nun möchte er sehen, dass er es auch gut bei Colin hat.“

Wisal schaute Codys Papa an. „Und wenn er es nicht gut hat, nehm ich ihn wieder mit.“

Codys Papa schmunzelte. „Okay, dann soll es so sein. Doch jetzt kommt, es ist schon mitten in der Nacht und so langsam muss mal Ruhe einkehren.“

Sie machten sich auf den Weg zu Colin. Als sie sich dem Haus näherten, hörten sie schon das schluchzende Geräusch von Colin. Malu, Sophia und Imani flogen rauf zum Balkon und Mirko krabbelte von Sophia herunter. Die Kinder gingen ins Haus mit Wisal und dem Bären. Als sie im Zimmer ankamen, hob Colin, der im Arm seiner Mama lag, den Kopf. Als er seinen Bären entdeckte, streckte er die Ärmchen aus. Cody trat näher.

„Schau, Colin, hier ist Sirius und er hat einen neuen Freund gefunden der ihn gerettet hat. Das ist Wisal, der Waschbär.“

Wisal schaute sich mit großen Augen um. Überall waren Regale voll mit Plüschtieren. Cody setzte Wisal auf den Boden, er hatte immer noch den Bären umschlungen. „Warum braucht er Sirius, wenn er doch hier so viele andere Plüschtiere hat?“, fragte Wisal.

Cody schmunzelte. „Weißt du, Sirius ist sein Lieblingsteddy, man hat immer diesen gewissen einen und der ist ausschlaggebend. Egal, wie viele man hat, es ist egal, fehlt der Besondere, geht die Welt unter."

Wisal schnaubte. „Ich finde das nicht richtig, Sirius ist für mich auch etwas Besonderes. Ich habe keine anderen, nur Sirius." Cody ging zum Fenster und ließ die anderen Freunde herein. Colin jauchzte auf, als er die Tiere sah. Seine Mutter staunte und schaute verwundert alle an. Malu landete auf der Bettdecke und sah Wisal an. „Komm, gib den Teddy zurück, er gehört nicht dir. Du siehst nun, dass er ein schönes Zuhause hat und geliebt wird."

Wisal wischte sich die Augen. „Ich finde das so gemein, es ist mein erster wirklicher Freund."

Sophia schmunzelte. „Wir sind auch deine Freund,e du brauchst den Bären nicht."

Wisal ging näher an Colin heran. „Ja, jedoch, seid ihr nicht immer da und Sirius wäre immer bei mir. Aber gut, hier hast du ihn."

Colin streckte die Hände nach dem Teddy aus und drückte ihn an sich. Er strahlte und lachte. Vergessen waren alle um ihn herum und es dauerte nicht lange und er schlief ein. Wisal wischte sich erneut die Augen, drehte sich um und flitzte zur Tür hinaus. Cody seufzte. „Armer Wisal, er hat ihn wirklich lieb gehabt."

Aylin und Jaro, die alles still beobachtet hatten, schauten alle an. „Sagt mal, ist es nicht üblich, dass man einen Finderlohn bekommt, wenn man etwas verloren gegangenes wiederfindet?", fragte Aylin.

Codys Eltern schauten sie verblüfft an. Sein Papa drehte sich um und ging aus dem Zimmer. Kurz darauf kam er zurück und hatte einen kleinen Waschbären aus Plüsch in der Hand. „Diesen wollten wir eigentlich Colin zu Weihnachten schenken, doch ich denke, dass er nun dringender gebraucht wird."

Er reichte den Bären den Kindern. Ein klein wenig sah er wie Wisal aus. Imani, Malu und Sophia flogen aus dem Fenster. Die Kinder rannten aus dem Haus hinter Wisal her. Malu sah Wisal langsam über das Feld Richtung Wald schlurfen. Er brummelte vor sich hin und er sah sehr traurig aus. „Alles doof, ich werde nie mehr lachen, es ist so gemein …"

Malu flatterte vor ihn. „Wisal, warte mal, die Kinder wollen noch etwas von dir."

„Ach was sollen sie schon wollen? Sie haben den Bären wieder und ich geh allein zurück zum See." Er lief weiter.

„Jetzt bleib schon stehen, du sturer Waschbär, hör dir wenigstens an, was sie zu sagen haben."

Genervt setzte sich Wisal ins Feld und wartete, bis die Kinder näherkamen. Cody hatte die Arme hinter dem Rücken und ging auf ihn zu. „Wisal, Danke, dass du den Bären Colin wiedergegeben hast. Das war echt stark von dir."

Wisal grummelte und Cody trat noch etwas näher. „Weißt du, wenn man etwas zurückgibt an seinen Besitzer, das dieser verloren hat, bekommt man dafür einen Finderlohn."

Wisal schaute auf. „Na toll, was soll ich mit Geld?"

Jaro lachte. „Es muss nicht Geld sein, es heißt nur Finderlohn und Colins Eltern möchten dir gerne etwas dafür schenken, dass du die Kraft aufgebracht hast und so mutig warst, Sirius vor den Bibern zu retten und ihn zurückzubringen."

Cody holte den kleinen Plüschwaschbären hinter seinem Rücken hervor und streckte ihn Wisal entgegen. „Hier ist jemand, der dringend ein gutes Zuhause sucht und gerne mit dir mitgehen möchte." Mit großen Augen starrte Wisal auf den Bären, langsam kam er näher und streckte seine Pfoten nach ihm aus. „Wow, der sieht ja aus wie ich und ich darf ihn wirklich behalten."

Malu lachte. „Ja, den Kleinen darfst du behalten, als Dank für deinen Einsatz."

Wisal nahm vorsichtig den Waschbären entgegen. Er hatte genau die richtige Größe, dass Wisal ihn problemlos tragen konnte. Kaum in seinen Armen drückte er ihn fest an sich. Alle schauten ihn erwartungsvoll an. „Danke, vielen, vielen Dank, nun habe ich auch einen eigenen Teddy, nur für mich alleine."

Die Kinder winkten Wisal und den Freunden hinterher und gingen zurück zum Haus. Sophia wischte sich eine Träne aus den Augen. „Ich hole jetzt Mirko ab und dann treffen wir uns noch kurz am See."

Imani und Malu flogen voraus. Am See angekommen schauten sie Wisal zu, wie er seinem neuen Kumpel alles zeigte und mit ihm redete. Imani schmunzelte. „Was für eine aufregende Nacht mit einem glücklichen Ende."

Sophia flog mit Mirko herbei und alle saßen sie da und hörten Wisal zu, wie er mit seinem Teddy sprach. Plötzlich stutze Malu. „Was erzählt er ihm da, habe ich richtig gehört."

Alle brachen in Gelächter aus und Sophia spreizte die Flügel. „Ja Malu, er hat gerade gesagt, er wird jetzt viele verlorene Dinge finden und zurückbringen, denn er braucht viele Freunde für seinen Plüschteddy."

Mirko schmunzelte. „Na das kann ja toll werden. Mal sehen was er als nächstes findet."

## WISAL

**Der Lebensfrohe**

Alle lachten sie und brachen dann langsam auf. Die Sonne zeigte ihre ersten schwachen Strahlen. Die Nacht neigte sich dem Ende zu und wie immer war es ein fantastischer Anblick, als das Licht des Tages das Licht der Nacht ersetzte. Der Horizont fing zu glühen an und am Himmel sah man einen großen Bussard seine Kreise ziehen. Eine Eule flog lautlos am Firmament vorbei und wenn man genau hinsah, entdeckte man auch einen schwarzen kleinen Schatten, der am Himmel entlang flitzte. Nur wer genau hinsah und diesen Augenblick auf sich wirken lässt, erkennt die Magie, die darin wohnt.

Wisal saß mit seinen Plüschwaschbären am See und beobachtete den Sonnenaufgang. „Bald“, sagte er, „haben wir viele Freunde für dich gefunden, die dann diese Augenblicke mit uns genießen können.“ Er knuddelte den Bären an sich und lächelte in den Morgen.

Malu flatterte zu seinem Schlafplatz und hängte sich kopfüber an den Fels, er seufzte tief auf. „Ja, das Leben war schön und auch wenn es mal einen Moment traurig ist, es kommt immer wieder ein schöner Augenblick.“

## Einfach mal Hallo sagen

„Malu, bist du schon wach“, flüsterte Mirko vorsichtig in die Höhle.

Malu horchte auf und streckte sich noch müde. „Mirko, warum flüsterst du?“

Mirko kraxelte näher. „Ich will nicht ,dass sie mich hören.“

Malu schaute sich um. „Wer soll dich hier hören? Es ist doch sonst niemand da.“

„Naja, doch, es könnte ja jemand kommen und uns belauschen.“

Malu lachte. „Hast du nun Paranoia, mein Freund? Wir haben doch keine Geheimnisse, also ist es egal, ob uns jemand zuhört.“

Mirko verdrehte die Augen. „Oh, da hast du recht, auch egal, war nur so ein doofer Gedanke von mir. Weiß auch nicht, wo der hergekommen ist.“

Malu grummelte und flatterte auf. „Willst du heute vielleicht mitkommen, damit du nicht wieder die ganze Nacht hier alleine bist? Dann sage ich Sophia, dass sie dich abholen soll.“

Mirko überlegte. „Nein, ich bleibe hier, ich möchte heute eine neue Netzbaukunst versuchen, ich habe da so eine Idee, die ich gerne umsetzen möchte. Wenn ihr mich jedoch braucht, meldet euch.“

Malu winkte Mirko zu und flatterte in die Abenddämmerung hinaus. Er schnappte sich unterwegs einige Falter und bewunderte den Abendhimmel. Heute war wieder einmal ein besonderer Abend, die letzten Strahlen der Sonne malten bizarre Lichter in den Wald, die Bäume schienen zu brennen. Wunderschön senkte sich der Tag zur Nacht. Er flog über den kleinen See und sah einen glücklichen Wisal mit seinem Bären am Ufer sitzen. Das machte ihn froh, denn er mochte das Gefühl nicht, dass es einem seiner Freunde schlecht ging. Er flog zum Feld hinaus, denn schon lange hatte er nicht mehr Galdur, den Maulwurf, besucht.

„Galdur, bist du hier irgendwo?“, rief er über das Feld.

Vor ihm bewegte sich die Erde zu einem Hügel und Galdurs Kopf schlüpfte heraus. „Guten Abend, Malu, was verschafft mir die Ehre, dass du mich besuchst?“

Malu landete. „Ich wollte nur mal guten Abend sagen und einfach fragen, wie es dir geht.“

Galdur lachte. „Das ist nett von dir. Wenn man wie ich unter der Erde lebt, kommen nicht gerade viele zu Besuch. Deswegen freut es mich, dass du bei mir Halt machst, um mir einen guten Abend zu wünschen.“

„Ich finde es wichtig, dass man sich den Augenblick nimmt zu einem kurzen Hallo. Dafür sollte immer Zeit sein.“

Malu flatterte wieder auf und Galdur grinste. „Ich wünsche dir eine schöne Nacht und schau mal wieder auf ein Hallo vorbei.“

Lautlos schwebte Sophia über das Feld auf Malu zu „Malu, guten Abend, was hast du vor heute Nacht?“

„Ich habe mir gedacht, heute erfreue ich einfach mal mit einem kurzen Hallo.“

Sophia lächelte. „Das ist eine gute Idee, dann viel Spaß dabei.“ Sie schwebte lautlos in die Nacht. Malu machte sich auf den Weg durch den Wald. Als er am kleinen Bachlauf ankam, sah er Claudio, den Feuersalamander mit seiner neuen Familie. „Hallo Claudio, du siehst glücklich aus.“

Claudio schaute hoch zu Malu. „Danke, Malu, das bin ich, so habe ich trotz Handicap eine neue Familie und ein neues Ziel im Leben gefunden.“

Malu freute sich, winkte kurz und flatterte weiter. Auf einer Lichtung sah er die Fuchsfamilie. Die Kinder spielten miteinander und Mama Hope lag gemütlich im Gras. „Guten Abend, geht es euch gut?“, fragte er.

Hope sah Malu entgegen. „Ja, Malu, seit meine Kinder meine Geschichte kennen, haben wir ein sehr harmonisches Leben.“

Malu flog noch eine Runde um die Familie und dann ging es weiter zwischen den Bäumen hindurch. Es dauerte nicht lange und er sah Basma, den Specht, und Alvin, den Eichelhäher, auf einem Baum sitzen. „Na, ihr beiden, wie geht es euch?“

Basma schaute auf. „Malu, schön, dass du mal Hallo sagst, man sieht sich viel zu selten.“

„Das stimmt und deshalb habe ich mir heute die Zeit genommen, einfach mal Hallo zu sagen.“

Alvin grinste. „Das ist schön und erfreut uns. Wir wünschen dir eine schöne Nacht.“

Malu flatterte weiter und sah Sairi, das Eichhörnchen, auf einem Ast liegen. Er flog hin und hängte sich darüber. „Sairi, wie geht es dir?“

„Oh, Hallo Malu. Mir geht es sehr gut, denn die Natur hat ihre Stille wieder und ich genieße es sehr.“

„Das freut mich, ich finde auch, dass es viel ruhiger geworden ist.“

Malu flog weiter Richtung Siedlung. Als er die große Wiese erreichte, stutzte er. Da unten bewegte sich jemand, den er noch nicht kannte. Er flatterte darauf zu. „Huhu, wer bist du denn?“, fragte Malu.

Es war ein sehr stacheliges Geschöpf, das auf der Wiese entlang wanderte. „Ach, ich bin nur ein Igel. Ich heiße Jitu und wer bist du?“

Malu landete vor ihm auf der Wiese. „Ich bin Malu, die Fledermaus, vielleicht hast du schon einmal von mir gehört.“

Jitu feixte. „Na von dir eingenommen bist du nicht gerade, doch, ja, dein Name ist mir ein Begriff. Schön, dass wir uns mal treffen. Was machst du so heute Nacht?“

Malu grinste. „Also, eigentlich bin ich auf der Tour, meinen Freuden Hallo zu sagen, doch nun habe ich dich kennengelernt und ich würde mich gerne mit dir unterhalten.“

Jitu streckte das Näschen in die Luft. „Das freut mich, nicht viele nehmen sich die Zeit, mit mir zu reden. Sie haben meist Angst vor meinen Stacheln.“

Malu schaute sich Jitu genauer an. „Also, ich finde sie super, stell sie mal auf … Ja, genau so. Sie sind wie Strahlen der Sonne.“

Jitu schaute Malu mit großen Augen an. „Meinst du das ehrlich, du findest sie schön?“

„Klar, sie sind mega und sie gehören zu dir. Sie machen dich zu etwas Besonderem.“

Jitu überlegte. „Also besonders bin ich nicht gerade, ich bin ein Angsthase. Wenn mir etwas zu nahe kommt, kugle ich mich lieber ein.“

Malu verdrehte die Augen. „Deswegen bist du doch kein Angsthase, du gehst nur auf Nummer sicher, erst mal die Lage abwarten und dann weitersehen. Das ist ein sehr gutes Verhalten. Man sollte nicht zu schnell vertrauen, sondern erst einmal sehen, was auf einen zukommt.“

Jitu schmunzelte. „Das ist auch eine Sicht der Dinge, so habe ich noch nie darüber nachgedacht. Weißt du, ich sehe nicht sehr gut und muss mich auf meinen Geruchssinn und Tastsinn verlassen, deswegen ist es wichtig für mich, das ich mich erst schütze."

Malu staunte. „Wow, wie Galdur, der Maulwurf. Er sieht auch nicht gut, jedoch hat er sehr gute Ohren."

Plötzlich verdunkelte etwas den Mond und ein Schatten flog herbei. Jitu kugelte sich ein und seine Stacheln standen hoch empor. Malu lachte. „Hallo Sophia, willst du meinen neuen Freund kennenlernen?"

Sophia landete. „Meinst du den stacheligen Ball, der da rumliegt?"

„Ja, das ist Jitu, ein Igel." Sophia schaute auf den Ball.

„Jitu, ich bin Sophia und ich bin keine Gefahr für dich." Jitu rollte sich auf und streckte die Nase hoch. „Ah super, hallo Sophia, ich habe dich nicht gehört und sehen kann ich nicht gut."

„Wir Eulen fliegen lautlos durch die Lüfte, deshalb konntest du mich nicht hören", sagte Sophia und schaute Jitu an.

„Wow das ist toll, so etwas zu können, ist super."

Malu schüttelte den Kopf. „Weißt du, jeder kann etwas, das einzigartig ist. Es wäre langweilig, wenn wir alle das gleiche könnten. Wichtig ist nur, dass man das Besondere an sich selbst anerkennt."

Jitu grummelte. „Was ist an mir einzigartig?"

„Na, deine Stacheln und dass du super gut hören kannst und dass du dich wie ein Ball zusammenkugelst, ohne dich selbst zu verletzen. Ich finde, das ist eine ganze Menge", sagte Sophia.

Jitu überlegte. „So habe ich es noch nicht gesehen. Eigentlich dachte ich immer, ich bin ein Angsthase, der nichts kann und nichts wert ist."

Malu brummelte in sich rein. „Typisch, man will einfach nicht seine Stärken sehen, immer sieht man nur seine Schwächen. Das ist total falsch. Jeder hat Schwächen, doch die muss man eben akzeptieren und damit leben. Sie bringen einen nicht um. Es muss doch nicht jeder gleich stark sein oder gleich schlau. Der eine kann schnell rennen, der andere dagegen ist eben langsam, dafür kann er gut schwimmen. Wenn du deine Schwächen kennst, dann suche deine Stärken und die lass dein Leben bestimmen."

Jitu schaute überrascht. „Du meinst, es ist nicht schlimm, dass ich wenig sehe. Es ist aber echt doof, wenn man nicht alles erkennt."

„Doof oder nicht ist egal, dafür hörst du sehr gut und das musst du zu deinem Vorteil nutzen. Deine Stacheln sind mega. Klar sind sie auch eine Gefahr für deine Feinde, so soll es auch sein, doch sie sind auch schön anzusehen, denn sie machen dich aus."

Sophia lachte in sich hinein. „Jitu, glaube mir, für diejenigen, die deine Freunde sein möchten, sind deine Schwächen egal, im Gegenteil ihr werdet euch gegenseitig ausgleichen. Nimm Malu und mich, wir haben einen sehr guten Freund, die Spinne Mirko, seine Schwäche ist, dass er nicht fliegen kann, doch das ist uns egal, denn dafür kann er in kleine Ritzen krabbeln und Dinge auskundschaften, was wir nicht können. Er kann megacoole Netze weben und wenn er mal den Drang hat zu fliegen, nehme ich ihn eben in meinem Gefieder mit. Nicht jeder kann alles und das ist es ja gerade, denn das macht jeden einzigartig in seinem Wesen."

Jitu seufzte. „Jetzt, wo du es sagst, muss ich dir recht geben, es wäre langweilig, wenn wir alle gleich wären."

Malu meldete sich zu Wort. „Genau, nicht die gleichen Schwächen und Stärken, die gleichen Interessen oder Meinungen oder die gleichen Gefühle und Gedanken machen es aus, ob man miteinander auskommt, sondern dass man diese Sachen bei sich selbst und anderen akzeptiert. Man kann niemanden zu etwas machen, das man selbst gerne wäre oder hätte. Man muss sein Gegenüber so nehmen, wie er ist. Deine Schwächen sind total egal, bau einfach auf deine Stärken."

Jitu gluckste. „Also wirklich, ich bin gar kein Angsthase, ich bin nur vorsichtig und auch wenn ich schlecht sehe, ich habe ein super gutes Gehör und damit kann ich die Klänge der Natur hören. Sie zu sehen wäre zwar auch schön, doch ich sollte nicht nachtrauern, was ich nicht kann, sondern mich daran erfreuen, was ich kann."

Sophia und Malu lachten. „Du hast es begriffen, also geh frohen Mutes deines Weges und denk immer daran, du bist einzigartig."

Mit diesen Worten erhob sich Malu und Sophia, winkten Jitu noch mal zu und flogen davon.

Jitu lächelte. „Wow, ich bin einzigartig."

Malu flatterte weiter zur Siedlung, neben ihm flog Sophia „Weißt du, Sophia, diese Augenblicke, in denen ein Licht im Dunkeln erscheint, sind das Kostbarste was das Leben ausmacht."

Sophia grinste. „Malu, du hast vollkommen recht, und nun sollten wir mal sehen, wem wir noch Hallo sagen können. Das machst du doch heute Nacht, hast du gesagt. Einfach mal Hallo sagen."

Malu flog einige Loopings, er war einfach nur glücklich. Von weitem sahen sie schon Codys Baumhaus und flogen darauf zu.

„Hey, Cody, bist du da?“, rief Malu.

Cody streckte den Kopf aus dem Fenster. „Klaro, wir sind alle da. Schön, dass ihr uns besucht.“

Sie flogen hinein. Im Inneren des Baumhauses sahen sie, dass Aylin und Jaro da waren und auch Lucky, der Mischlingshund, war dabei. In einer Ecke auf einer Stange saß Imani, der Bussard, und Kalea, die Schwalbe, saß daneben. Auf einem Sessel lag zusammengerollt mit seinem Teddy im Arm Wisal, der Waschbär. Es war ein sehr beruhigendes Bild, alle zusammen zu sehen. Cody fragte: „Wie kommt es, dass ihr uns besucht.“

Malu hängte sich an eine Strebe. „Cody, wir wollen nur mal Hallo sagen, einfach so, weil mir gerade danach ist. Es ist nicht immer ein Grund von Nöten oder viele Worte, wenn man seine Freunde besucht. Es reicht auch mal, einfach nur Hallo zu sagen und sich über diesen kleinen Augenblick zu freuen.“

Die Kinder lachten und Imani streckte die Flügel, fast hätte er Kalea von der Stange geschubst. „Sorry, Kalea, also, dann Hallo und schön, dass ihr hier seid.“

Alle sagten Hallo und lachten dabei, es war ein toller Augenblick. Sie saßen noch etwas beisammen, dann machten sie sich wieder auf den Weg zur Höhle.

„Malu, ich komme kurz mit und sage Mirko noch Hallo“, sagte Sophia. Sie flatterten über den unteren See und hinauf zum Höhleneingang. Die Sonne zeigte ihre ersten Strahlen am Horizont. Was sie dann erblickten, war das Prachtvollste und Schönste, was sie je gesehen hatten. Sie waren so erstaunt, dass sie mitten im Flug anhielten und auf der Stelle flatterten. Neben dem Höhleneingang zwischen den Felsspalten gespannt sahen sie das größte Spinnennetz, das je gewoben wurde. Es war prächtig, einzigartig. Dann plötzlich erfassten die Strahlen der Morgensonne das Netz und ließen es erstrahlen, es glitzerte und funkelte. In die Mitte war ein großes Herz gewebt und da stand etwas. Sophia schaute zweimal hin „Schau mal, Malu, siehst du, was da steht?"

Malu fing herzhaft an zu lachen. „Ja, ich sehe es. Da steht: **HALLO**."

Mirko krabbelte herbei und winkte wie wild. „Sagt schon, wie findet ihr mein Prachtwerk? Ist es nicht toll? Und ich dachte so bei mir, man sollte öfters mal Hallo sagen, deshalb hab ich das da rein gewebt."

Sophia und Malu schauten sich an und riefen zurück: „Mega, Mirko – **einfach mal Hallo sagen** – es ist einzigartig."

Sie landeten etwas entfernt auf einem Baum und Mirko krabbelte herbei. Von hier aus hatten sie eine gute Sicht auf das Bauwerk. Malu seufzte. „Ist das Leben nicht schön?"

Noch lange saßen sie beisammen und bewunderten einfach nur das Netz. Solche Augenblicke machen das Leben lebenswert.

## Die Bibliothek des Lebens

„Maluuuu, wach auf, komm schnell raus, schau dir das an!“ Mirko schrie durch die Höhle. Malu fiel fast von seinem Felsvorsprung, wo er sich zum Schlafen angehängt hatte, so erschrak er. „Mirko, warum brüllst du so, was ist jetzt wieder los?“

Mirko schrie: „Schnell, komm her, sonst ist es weg.“

Malu flatterte zum Ausgang. Als er darauf zuflog, sah er schon ein Farbenmeer, und das war schon prächtig. Der ganze Ausgang leuchtete. Er flatterte raus und versank in Farben, so leuchtend rot, grün, gelb, lila, orange, jede Farbe war dabei, der Himmel zeigte ein bizarres Bild.

„Wow, was ist das?“

Mirko strahlte freudig. „Schau, ein Regenbogen, so prächtig, wie ich ihn noch nie gesehen habe. So kräftig in den Farben und so strahlend.“

Malu landete auf dem Felsvorsprung und konnte nur staunen. „So etwas habe ich noch nie gesehen.“ Mit Tränen in den Augen schaute er gebannt auf die Farben. Mirko krabbelte näher. „Man kann diese Schönheit nicht in Worte fassen.“

Sie saßen einfach nebeneinander und bewunderten dieses Naturschauspiel. Sogar der Wald leuchtete in allen Farben und im See spiegelte sich das Bild des Regenbogens und ließ ihn glitzern. Langsam verblassten die Farben, wurden immer mehr pastellfarben, bis sie ganz verschwanden und nur das Abendrot zu sehen war, das die letzten Strahlen der Sonne warfen. Die beiden saßen immer noch sprachlos da, als das Mondlicht hervorkam. Malu räusperte sich und wischte sich mit seinen Schwingen die Tränen von der

Wange. „Das war ein fantastischer Augenblick, denn er ging mir bis ins Herz.“

Mirko schmunzelte. „Mir ging es auch so, das sind die Dinge im Leben, die das Leben lebenswert machen.“

Sie waren noch voller Euphorie, als Malu sich langsam streckte. „Ich werde nun mal losfliegen und sehen, was die Nacht heute für mich bereithält.“ Er flatterte auf und flog Richtung Wald dahin. Mirko schaute ihm lange nach, bis er nicht mehr zu sehen war, dann krabbelte er zu seinem Netz, das er angefangen hatte zu weben. Heute hatte er eine Aufgabe zu bewältigen, denn das Schicksal konnte wirklich unbarmherzig zuschlagen.

Malu erreichte die kleine Waldlichtung und stutzte, denn unter dem Baum mitten auf der Wiese sah er Orenda, die Schamanin, mit ihrem Stab in der Hand stehen. Sie war nicht am oberen See und das war seltsam. Schnell flatterte er zu ihr hin und hängte sich an einen Ast. „Guten Abend, Orenda, was machst du hier auf der Lichtung?“

Sie hob den Kopf und sah ihn an. „Guten Abend, Malu, wir erwarten heute einen Gast und deshalb bin ich hier. Es wurde mir geweissagt, dass er hier vorüber kommt, deshalb warte ich.“

Malu hörte etwas am Waldrand und schaute hin. Zwischen den Bäumen trat Tyrese, der Hirsch, mit Mahalia hervor, gefolgt von anderen seiner Freunde. Alle kamen zur Lichtung, als wären sie gerufen worden. Orenda blickte in die Menge.

„Schön, dass ihr da seid, gleich werden wir wissen, wer uns heute Nacht besucht. Der Regenbogen hat ihn zu uns geleitet, er bringt uns Geschichten aus der Welt.“

Alle schauten sie gebannt in den Himmel. Am Horizont war ein Flackern zu sehen, dann flog etwas am Mond vorbei und man konnte kurz eine Silhouette sehen. Es hatte einen aerodynamischen Körperbau, charakteristisch gegabelte Schwanzfedern und lange, gewinkelte, windschnittige Flügel. Plötzlich landete etwas über Malu auf dem Ast. Er schaute hoch, über ihm saß ein Vogel, nicht sehr groß, jedoch schneeweiß, und schaute über die Lichtung. „Ich wünsche euch einen schönen Abend. Ich bin Majana, eine Küstenschwalbe. Den Sommer verbringe ich am Nordpol und den Winter am Südpol. Ich fliege jährlich bis zu 70.000 Kilometer, meine Flugroute zieht sich an Afrika vorbei nach Südamerika und in die Antarktis. Heute mache ich bei euch Halt. um euch zu berichten, dass die Welt in Gefahr ist. Ich möchte euch berichten, was sich ereignet, welches Grauen unserem Lebensraum angetan wird. Hier habt ihr noch ein kleines Fleckchen, das noch nicht so stark betroffen ist, doch auch ihr merkt schon die Auswirkungen wie Hitze und Waldsterben.“ Majana atmete tief durch und schaute Orenda an. „Hallo, Majana, du, die die Wahrheit kennt, hast den Weg heute zu uns gefunden und wir alle nehmen Anteil an dem, was du uns erzählen wirst, denn das ist die Wahrheit über eine große Gefahr, die auch uns betrifft.“

Majana seufzte und schaute alle an. „Das Atmen der Bäume schenkt uns das Leben und unser Leben brennt. Der Wald wird auch die Bibliothek des Lebens genannt und der wichtigste Wald geht in Flammen auf und der Mensch macht das, was er am besten kann, er diskutiert. Es ist grauenvoll, was dort passiert. Im Amazonas, dem größten Lieferanten für unsere Erde. Ein Baum kann bis zu 1000 Liter Wasser abgeben am Tag, um die Atmosphäre zu kühlen. Es ist ein Inferno von gigantischen Ausmaßen. Die Tiere verlieren ihren Lebensraum und flüchten. Doch wohin und wie sollen sie woanders überleben? Es hätte nie so weit kommen dürfen."

Die Tiere schrien entsetzt auf und Malu schaute Majana mit großen Augen an. „Majana, das ist eine erschreckende Nachricht. Wenn der Regenwald kaputt geht, dann zerstört es unser Klima und die armen Tiere erst mal. Wir sind immer auf uns allein gestellt. Seit Jahren holzen die Menschen immer mehr ab und vernichten unseren Lebensraum und nun kommen auch noch die Flammen und gegen Feuer sind wir machtlos, da bleibt nur die Flucht."

Majana schluckte. „Wisst ihr, ohne uns Tiere könnte der Mensch nicht leben und ohne unseren Lebensraum, die Natur, auch nicht. Denn wir und unsere Heimat bringen ihnen Luft und Nahrung. Sie stecken den Gewinn gerne ein, doch sie bedenken nicht, dass unsere Leben miteinander verknüpft sind. Gehen wir und unser Lebensraum zugrunde, wird zuerst der Mensch sterben, denn wir sind stark, ein paar von uns werden immer überleben. Immerhin gibt es Arten schon seit vielen Millionen Jahren auf der Erde. Doch all das lässt es nicht harmloser erscheinen. Die Gletscher schmelzen, weil die Erde immer wärmer wird. Die Wälder sterben, weil es immer mehr heiße und trockene Zeiten gibt. Das Meer wird von giftigen Algenschwärmen überzogen, in der ganzen Welt brennen Wälder ab und Unwetter zerstören den Lebensraum, den wir alle dringend brauchen, Tier wie Mensch."

Tyrese trat vor. „Sag mir, warum brauchen Menschen so lange, bis sie handeln?"

Majana schaute in den Himmel. „Der Mensch ist nicht dumm, denn er sieht wohl die Gefahr, doch er diskutiert, macht Gesetze und er hat einen Stolz, der sehr oft fehl am Platz ist. Etwas sofort umzusetzen, ohne lange Gespräche und ohne langes Überlegen, das kann er nicht. Nehmt das Thema Plastik, warum geht es nicht, dass man direkt sagt, ab sofort wird kein Obst mehr in Plastik verpackt? Ab sofort gibt es keine Plastiktüten mehr. Ab sofort wird eine hohe Strafe für Umweltsünder erhoben. Ab sofort darf keiner mehr Steine in seinen Garten schütten. Nichts geht ab sofort, alles braucht Jahre. Der Mensch weiß genau, was der Auslöser ist, doch er handelt zu langsam und er selbst wird daran zugrunde gehen und uns mit ins Verderben stürzen.“ Majana seufzte. „Er versucht, die Brände zu löschen, doch der Stolz des Einzelnen schlägt Hilfe aus. Er holzt seit Jahren Wälder ab, er weiß, dass es zu viel ist und doch pflanzt er nicht genug neue, die das ausgleichen. Er jagt Schadstoffe in die Luft und weiß um die Gefahr, doch er erlässt Gesetze, die erst in Jahren greifen. Das ist die Wahrheit, denn wenn jetzt nicht gehandelt wird, dann sind wir verloren.“

Plötzlich funkelte und glitzerte es in der Luft und alle machten sie Platz als sich vom Himmel ein roter Strahl auf die Wiese ergoss. In ihrer ganzen Pracht und Anmut ließ sich Anastasia herab, der Feuervogel. Sie schaute in die Runde und schüttelte den Kopf. „Wisst ihr, es ist entsetzlich, was alles passiert und zerstört wird auf der Welt, doch dies gibt es schon seit Urzeiten. Es gab die Eiszeit und die Bronzezeit, mächtige Naturkatastrophen und doch leben wir noch. Eine Lebensspanne umfasst gute und schlechte Zeiten. Wir haben viel mitgemacht und werden noch viel erleben, bis unsere Zeit hier um ist. Wir dürfen uns durch die Angst nicht unsere Lebensqualität nehmen lassen. Jeder Einzelne sollte so viel dazu beitragen, wie er bereit ist zu tun. Die kleinen Dinge im Leben zählen. Wenn ein einzelner Mensch dazu bereit ist, auf Plastik zu verzichten; ein einzelner Mensch bereit ist, sein Auto Sonntags stehen zu lassen; ein einzelner Mensch bereit ist, einen neuen Baum zu pflanzen; ein einzelner Mensch bereit ist, abends den überflüssigen Strom auszuschalten; ein einzelner Mensch seinen Müll nicht in der Natur entsorgt; ein einzelner Mensch bereit ist, uns Tieren zu helfen, indem er unseren Lebensraum schützt und uns Plätze erhält, wo wir leben können; ein einzelner Mensch die Magie der Natur spürt; ein einzelner Mensch – **jeder einzelne Mensch eines davon tut**, und das sind nur wenige Dinge, die getan werden können. Kleine Dinge machen es aus. Schwarz sehen nützt nichts. Angst haben macht uns nur krank, wir sollten so viele Augenblicke genießen, wie wir können. Majana, deine Erzählungen sind wahr, es ist traurig, was passiert, und zutiefst schockierend. Doch machen wir hier nicht das Gleiche wie der Mensch? Wir hören gespannt und entsetzt den Berichten zu und diskutieren."

Malu grummelte: „Du hast recht, wie der einzelne Mensch, die kleinen Dinge sind wichtig. Wir machen uns Gedanken und Sorgen und können doch nicht viel ändern. Das, was wir tun können, machen wir schon. Wir berichten unseren menschlichen Freunden und bringen sie zum Umdenken. Wir zeigen ihnen kleine Wege, die Natur und unser Leben und somit auch ihres noch ein wenig zu erhalten. Majana, sei nicht böse, doch wir haben genug gehört. Wir haben erkannt, dass die Lage ernst ist, doch dadurch in Angst das restliche Leben verbringen werden wir nicht. Wir leben weiter den Augenblick, denn das gibt uns Kraft. **Rettung fängt immer bei den kleinen Dingen an**. Sich einen Moment Zeit nehmen um teilhaben an der Gefahr und dem Unglück – doch dann wieder zurückkehren und selbst überlegen, was man tun kann, um einen kleinen Beitrag zu leisten und vor allem nie vergessen, dass das Leben voller schöner Augenblicke ist."

Majana reckte den Kopf und spreizte die Schwingen. „Malu, ich gebe dir recht, wir schimpfen auf den Menschen, was er der Natur antut und sehen die großen Katastrophen, die passieren und vergessen dabei, dass die kleinen Dinge das Leben ausmachen."

Orenda hob ihren Stab. „Majana, alles Gute auf deinen weiteren Reisen. **Die beste Zeit, einen Baum zu pflanzen, war vor 20 Jahren, die nächstbeste Zeit ist jetzt**."

Alle schauten sie Majana hinterher, als sie sich in die Luft schwang. Anastasie fing zu leuchten und zu flackern an. „Solange jeder Einzelne seine kleine Welt schätzt und behütet, in der er lebt, ist noch Hoffnung da." Damit schraubte sie sich in die Luft und zog einen Feuerschweif hinter sich her. Alle schauten sie gebannt, wie Anastasia sich erhob.

Malu seufzte. „Orenda, es ist wirklich schrecklich, das alles, doch es zeigt uns auch, dass wir umdenken müssen. Die großen Dinge können wir nicht ändern, doch der kleinen können wir uns annehmen. Die Nacht ist fast um, lasst uns zusammen noch etwas diesen schönen Sternenhimmel genießen, lasst uns die Schönheit der Natur sehen. Lasst uns zusammen die Magie spüren, die unser Lebensraum ausstrahlt."

Bis zum Sonnenaufgang saßen alle zusammen, schweigend, jeder in seinen Gedanken vertieft, und jeder spürte die Kraft der Natur, die Unendlichkeit der Magie und sein kleines Fleckchen Heimat.

## Magie

Malu wachte wie jeden Abend bei Sonnenuntergang auf. Er streckte und reckte sich, dann spannte er seine Schwingen und flatterte raus in die angehende Nacht. Die Abendsonne begrüßte ihn mit ihren letzen Strahlen. Der Horizont leuchtete in dunklem Rot und ließ den Wald in bizarren Lichtern erstrahlen. Es war wie jeden Abend einzigartig. Die Natur war etwas so Wundervolles, Kraftvolles, Magisches. Jedoch nur wenn man es mit den richtigen Blicken sah. Geschwind flog er zwischen den Bäumen hindurch zu seinem Lieblingsplatz, der großen Eiche. Als er sich an einen Ast hängte, glitt lautlos Sophia herbei. „Guten Abend, Malu, genießt du auch diesen fantastischen Abend?", fragte sie.

„Sophia, guten Abend. Ist es nicht wieder einmal wunderschön, wie die Natur sich zeigt?"

Eine ganze Zeitlang saßen sie einfach still nebeneinander und genossen das Schauspiel. „Weißt du, Sophia, es gibt viele, die nicht an die Magie glauben, die es doof finden und unrealistisch, wenn wir von Begegnungen mit Geisteradlern und Fabelwesen erzählen oder von dem Leben danach. Warum verstehen viele nicht, dass es eine Symbolkraft ist, waren sie nie jung? Waren sie nie gläubige Kinder?"

Sophia streckte sich und seufzte tief auf. „Malu, in jungen Jahren ziehen viele Glück und Freude daraus, wenn ihre Kinder an den Osterhasen und den Weihnachtsmann glauben. Sie erfreuen sich daran, sich als Weihnachtsmann zu verkleiden, und die Kinder erfreuen sich an diesem Glauben. Sie erzählen ihnen Märchen, führen sie ein in die magische Welt von Prinzessinnen, Drachen und Elfen."

Malu unterbrach Sophia. „Ich kenne solche Märchen. Da gibt es den Froschkönig und die Schöne und das Biest und ganz toll finde ich Dornröschen und Schneewittchen. Ach, Frau Holle gibt es auch und ..."

Sophia lachte. „Stopp, Malu, es gibt so viele schöne Märchen und wir haben uns alle als Kind hineinversetzt, wollten auch Prinzessin sein. Wir träumten von unserem eigenen Schloss und von wunderschönen Ballkleidern. Die Jungen träumten von Rüstungen, Schwertern und Drachentöten. Wir alle liebten Märchen und Fabeln und den Glauben an den Weihnachtsmann."

Malu gluckste. „Tja, ich verstehe nur nicht, dass viele das vergessen haben und sich nicht mehr in diese wunderschöne Fantasiewelt hineinversetzen können. Warum haben viele im Alter den Glauben an die Magie vergessen? Sie ist immer noch gegenwärtig, hier in der Natur und in jeden von uns. Hat nicht jeder irgendwann mal ein Erlebnis, wo sicher Magie im Spiel ist?"

Sophia atmete tief durch. „Das stimmt, viele haben Erlebnisse, die ungewöhnlich sind. Es können für einen komische Gefühle sein, die sagen: Tu das heute nicht oder genau das musst du heute tun, alles andere ist unwichtig. Ich habe auch schon von Ereignissen gehört, dass jemandem etwas im Traum mitgeteilt wurde und es wirklich eintraf."

Malu schaukelte am Ast hin und her. „Genau, jeder träumt und im Traum kommen die geheimsten Wünsche zum Vorschein. Leider weiß man oft nach dem Aufwachen nicht mehr, was man geträumt hat."

„Das ist nicht wichtig. Wenn es ein guter Traum war, dann fühlt man es in sich, man ist zufrieden", sagte Sophia.

„Ich finde es trotzdem widersprüchlich, wie viele denken. Sie glauben an Bauernregeln und Horoskope, doch an die Magie und Geisteradler glauben sie nicht. Was macht zufriedener und was bringt mehr Kraft?"

Es rauschte in der Luft und Abahya, der Geisteradler ‚landete. „Guten Abend ihr zwei, was habt ihr wieder für ein ernstes Gespräch?"

Malu grummelte: „Ach, wir reden darüber, dass viele nicht mehr an die Magie und an das Ungewöhnliche glauben."

Abahya lächelte. „Es gibt eine ganz einfache Antwort darauf. Sie haben das Kind in sich aus den Augen verloren. Das Kind, das ungezwungen durchs Leben lief, an Elfen und Feen glaubte, das ungezwungen träumte, Tag und Nacht. Dabei wäre gerade dieses Kind perfekt dafür, das Leben zu meistern. Denn es kannte kein *das geht nicht*, es wurde einfach ausprobiert. Es machte sich keine Sorgen, was morgen wohl kommen mag, es lebte jeden Tag für sich. Dieses Kind steckt in jedem von uns, wir müssen es nur zulassen, dass es hin und wieder nach vorne tritt."

Malu lachte schallend auf. „Also, Wisal der Waschbär, hat damit kein Problem und ich auch nicht. Wenn ich abends rausfliege und mich die Magie der Natur umgibt und ich mit ganzem Herzen schaue und vor allem wahrnehme, was für eine faszinierende Welt sich vor mir eröffnet – dann bin ich glücklich. Ich fühle die Freiheit in mir und ich sehe auch meinen Geisteradler, der zu mir spricht und mir sagt, dass alles ein Licht hat, egal, wie schwarz die Nacht ist."

Sophia schmunzelte. „So ist es, man muss sich nur darauf einlassen. Wo ist die Gefahr, mal etwas zu träumen und zu fantasieren? Wo ist die Gefahr, einfach mal an das Ungewöhnliche zu glauben und sich daran zu erfreuen? Wo ist die Gefahr, an Seelen zu glauben, die als Elfen tanzen. Wo ist die Gefahr, das Schlechte nach hinten zu schieben und das Schöne in den Vordergrund zu ziehen? Wo ist die Gefahr, an Märchen zu glauben oder an das Christkind? Wo ist die Gefahr, sich einen Moment seiner Zeit in seine eigene Wunschwelt zu versetzen? Wo ist die Gefahr, auch als Erwachsener wieder einmal Kind zu sein? – Wenn diese Dinge doch glücklich machen. Wenn sie uns doch Zufriedenheit und Kraft bescheren. Wenn sie uns doch lustige Momente bringen. Wenn sie uns doch Einsicht und Erkenntnis bringen – sei es auch nur für einen kurzen Augenblick – dann sollten wir es tun, wieder glauben an die Magie, an das Kind in uns."

Abahya seufzte tief auf. „Schöne Worte, die sich jeder zu Herzen nehmen sollte. Den Glauben an uns Geisteradler haben viele verloren und doch gibt es uns. Wir stehen symbolisch für das innere Kind, das Gewissen und die Seele."

Malu grinste. „Mich gibt es auch. Ich stehe symbolisch für Malu und einen Malu kann jeder gebrauchen, um die Magie in sich wiederzufinden."

Sophia zwinkerte. „Genau, Malu, du bist dafür da, wieder ein Umdenken zu schaffen, die helle Seite ans Licht zu ziehen." Abahya spannte seine großen Schwingen und erhob sich in die Luft. Immer höher schraubte er sich empor. Im Mondlicht sah es aus, als würde ihn ein goldener Schimmer umgeben, es war ein wunderschöner Anblick. Sophia und Malu schauten zu den Sternen, die am Himmel funkelten. Sie erschienen wie kleine Kristalle die hin und wieder ihnen zublinzelten. Wenn man mit ganzem Herzen hinsah, konnte man sie lachen sehen. „Schau, Sophia, sie lachen uns entgegen und der Mond lacht mit.“

Sophia schmunzelte und breitete die Flügel aus. „Ja, Malu, sie lachen uns an. Genieße die Magie der Nacht, bis bald.“

Malu schaute Sophia hinterher, als sie sich lautlos davonmachte. Dann flatterte auch er los und dachte so bei sich: **„Vieles in unserem Leben erscheint so grau und trist, dass etwas Magie nicht schaden kann. Doch nur wer an die Magie glaubt, wird sie auch finden.“**

## Rückblicke

Malu erwachte, kaum, dass die Sonne ihre Energie verlor. Am Höhleneingang hörte er schon Sophia und flog raus. Mirko pendelte an einem Faden vom Fels. „Hallo Sophia, hallo Mirko, wollen wir heute zur großen Eiche fliegen?"

Sophia nickte. „Ja, das machen wir. Komm, Mirko, krabble in mein Gefieder. Heute nehmen wir dich mit."

Mirko ließ sich auf Sophias Rücken nieder und dann ging es schon los. Am Himmel zeigten sich die letzten Farben der Sonne, als sie in den Wald zur großen Eiche flogen. Dort ließen sie sich in der gewaltigen Baumkrone nieder. Malu schaute beide an. „Erinnert ihr euch noch an Liam und Adia, die beiden Fuchskinder?"

„Klar, wie wichtig es doch für Mama Hope war, ihre Vergangenheit aufzuarbeiten", sagte Sophia.

Malu lachte. „Claudio der Feuersalamander war auch echt krass, doch er hat es hinbekommen und sein Handicap ist überhaupt kein Problem mehr, er zeigt so viel Stärke, dass er das überlebt hat."

Sophia schmunzelte. „Ich fand unseren Besuch bei Lucky im Garten mit Jaro und Aylin sehr schön und informativ. Das war eine tolle Nacht."

Malu grinste. „Das stimmt, das kleine Fleckchen Erde von Lucky ist wirklich was Besonderes."

Mirko seilte sich heran. „Ich weiß noch, als wir unseren Fichtenwald entdeckten, er starb vor unseren Augen. Doch wenn wir jetzt hinfliegen, wächst schon Grünes wieder am Boden."

Sie saßen beisammen und genossen die Nacht, nach einer Weile jauchste Malu auf. „Schaut mal, unter uns, es scheint so, als tanzen die Elfen heute Nacht um die Eiche und wenn ihr nach oben schaut, da leuchten uns Millionen von Sterne entgegen."

Alle schauten sie gebannt mal nach unten und dann wieder nach oben.

„Oh wie schön um uns herum lächeln die Seelen", staunte Mirko.

Sophia lachte. „Wisst ihr noch, als Malu nicht rausflog, weil er dich, Mirko, nicht zurücklassen wollte, das war eine schöne Nacht, wie heute, wir drei Freunde zusammen."

Malu und Mirko seufzten. „Das war eine tolle Nacht und deine Geschichte war so schön, Sophia", erinnerte sich Mirko.

Malu spannte die Schwingen. „Dann der große Schock mit Zacharias, wirklich, das war krass, doch zeigte es uns auch wieder mal, wozu Freunde da sind. Immerhin haben wir seine Erinnerungen wiedergefunden."

Sophia schmunzelte. „Da haben wir wirklich eine tolle Lösung gefunden."

„Boah, und dann kamen die heißen Tage, echt krass, das war kaum zum Aushalten, was für eine Saharahitze", erinnerte sich Mirko. „Cody war auch eine Nummer, er hatte wirklich vor allem Angst, dabei fehlte ihm nur das Vertrauen."

Malu grummelte: „Schau ihn dir jetzt an, ein perfekter, mutiger Junge."

Sophia zwinkerte. „Ich fand den Abend mit Moja schön, als sie uns aus ihrem Tagebuch vorlas. Das waren wirklich tiefgründige Gedanken."

Malu überlegte. „Also, Kalea, war auch eine krasse Nummer. Wir dachten schon, wir müssen eine Schwalbe einweisen, doch dann stellte sich heraus, dass sie die glücklichste Schwalbe der Welt ist. Das war so schön.“

Mirko schwang sich hin und her. „Ich fand am allerbesten, als wir den Zirkus übernahmen, alle zusammen mit Yuki, das war megatoll.“

Malu und Sophia jauchzten auf. „Das stimmt, das war eine tolle Nacht, wer träumt nicht davon, einmal in der Manege zu stehen?“

Mirko lachte, die Freunde saßen zusammen und schwelgten in Erinnerungen, bis Sophia sagte: „Kam dann nicht der Morgen, wo Malu unbedingt die Bienen kennenlernen wollte? Der Morgen auf der Wiese war auch super.“

Malu grinste. „Das war mal was ganz anderes und diese schönen Blumen und dieser Duft, wirklich toll und dann traf ich Georg mit seinem echt problematischen Nachbarn.“

Mirko überlegte wieder. „Könnt ihr euch noch an Codys Baumhauseinweihung erinnern. Das war ein Fest und überall diese Lampions und die Spiele waren auch super.“

„Das war wirklich eine schöne Nacht, sollte man öfters mal machen“, sagte Sophia.

„Das war wirklich toll und dann lernten wir Elli kennen, die einfach eine Auszeit zum Nachdenken brauchte und vor unserer Höhle landete“, sagte Mirko.

Malu legte die Flügel um sich herum. „Und als uns Sergej, der Kaiseradler, besuchte und von seinen Reisen erzählte, von seinen Gefühlen und seiner Hoffnung, das war eine fantastische Nacht.“ Malu schaute nach unten und seufzte. „Bald wird Claudias Seele da unten mit den Elfen tanzen und Püppy, ihr kleiner Hund, wird alleine sein und ein neues Frauchen suchen.“

Alle seufzten sie aus tiefster Seele. „So ist das Leben, ein Kommen und gehen", sagte Sophia.

„Aber wisst ihr was, das Leben ist doch so schön, ich kann mich noch erinnern, als Sophia und ich Felix fanden und Euracia uns die Geschichte der Träne erzählte, das war auch perfekt", erwähnte Malu.

Sophia überlegte. „Sag mal, Malu, die magische Nacht, als Tyrese erschien, das war sicher ein tolles Erlebnis für dich."

Malu schaute gen Himmel. „Das war wirklich eine magische Nacht und brachte viele zum Nachdenken."

Mirko lachte plötzlich schallend auf. „Das allerbeste war, als Wisal völlig aufgelöst zur Höhle kam und uns erzählte, die Biber hätten einen echten Bären in ihrer Gewalt."

Malu kicherte. „Das war so typisch Wisal und jetzt hat er seinen eigenen Bären, den er nie aus den Augen lässt." Malu schüttelte sich. „Ach, Igel Jitu habe ich ja auch kennengelernt auf meiner Hallo-Tour und dein Netz war megacool gewebt an dem Morgen."

Mirko trotzte vor Stolz bei der Erinnerung.

Sophia lächelte. „Wisst ihr noch, als Majana die Küstenseeschwalbe, mit Horrorgeschichten ankam und Anastasia sie belehrte, dass man klein anfangen muss. Das fand ich bewegend und das gab viel Gedanken zum Umdenken."

Alle drei schauten sich an dann sagte Malu: „Ich finde, man sollte sich viel öfters eine Auszeit nehmen, an die Magie glauben, in Erinnerungen schwelgen und über das eine und andere intensiver nachdenken."

Sophia grinste: „So wie ich das an unseren Erinnerungen sehen kann – **jeder sollte einen Malu in seinem Leben haben**."

Mirko lachte mit. „Das stimmt, Malu und seine Freunde natürlich."

Sie saßen noch lange beisammen, schauten den Glühwürmchen am Boden zu, bewunderten die Stärke der großen Eiche, die Wind und Klima trotzt und schon seit 200 Jahren hier steht, bewunderten die Sterne, die heute Nacht so zahlreich am Himmel erschienen, und erfreuten sich an den Erinnerungen und vor allem freuten sie sich auf neue Abenteuer, denn das Leben war schön.

**„Auszeit" sprach der Kopf zum Herz, das freudig schlägt bei dem Gedanken.**

**Nachwort/Danksagung**

Ein großes Dankeschön an alle meine Leserinnen und Leser.

Ein großes Dankeschön an meine Illustratorin Claudia Nordheim. Die Verspieltheit in ihren Bildern soll uns an das Kind in uns erinnern. Denn dieses Kind glaubte noch an Märchen und die Magie. Dieses Kind steckt in jedem von uns – wir müssen es nur wieder an die Oberfläche holen.

Ein Danke geht wie immer an meine Mutter und meine Herzensschwestern, die mir Inspiration und Mut gaben, Malu fliegen zu lassen.

Auch ein Dankeschön an meinen Mann, der schweigend meine Schreibphasen erdulden muss, und an meinen Hund Lucky, der oftmals auf seine Gassirunde wartete, da Frauchen wieder mal im Schreiben vertieft war.

Herzlichen Dank auch an Inga, die mich mit dem Spruch auf dem Cover inspiriert hat.

Natürlich auch ein Dankeschön an Malu.

Malu gibt es wirklich, er begegnete mir auf einen Abendspaziergang und hat mich inspiriert, als ich ihn dringend brauchte.

Hier könnt Ihr folgen:

https://www.lovelybooks.de/autor/Regine-Sonnleitner/
https://www.rediroma-verlag.de/autoren/autorentagebuecher/regine-sonnleitner
https://www.instagram.com/malufledermaus

**Glossar der Namen und Bedeutungen**

Malu = Friede und Ruhe
Fledermaus = Widergeburt und Unendlichkeit
Mirko = Friede und Ehre
Spinne = Weber der Zeit, webt die Schicksalsfäden
Sophia = Weisheit, Eule = Weisheit und Klugheit
Adia = Geschenk
Liam = Beschützer
Hope = Hoffnung
Fuchs = schlauer Seelenführer in allen Lebenslagen
Claudio = die Hinkende/Lahme mit unbändiger Kraft
Feuersalamander = Der Hüter des Waldes
Orenda = magische Kraft
Tejas = golden leuchtendes Feuer Charisma
Drache = Magie Stärke
Phileas = Freund
Aylin = Licht der Sonne
Jaro = Licht der Nacht
Lucky = Glück
Hund = treuer Wegbegleiter
Alvin = Freund
Eichelhäher = Wächter des Waldes
Danger = Gefahr
Schlange = Unendlichkeit
Basma = ein Lächeln
Specht = Glück und Lebenskraft
Aman = Seele
Drache = Magie und Stärke
Galdur = Magie
Maulwurf = schieb alles Dunkle ans Licht
Julia = die Fröhliche

Marion = Stern des Meeres
Anastasia = Auferstehung
Phönix = Auferstehung und Wiedergeburt
Zacharias = Erinnerung, sich erinnern
Lynn = kleiner Wasserfall
Imani = Glaube
Bussard = kündigt Wandlung und Veränderung an
Wisal = der Lebensfrohe
Waschbär = erinnert an dein inneres Kind
Cody = glücklicher Sohn
Abahya = furchtlos
Adler = kündigt neue Entwicklungsstufen an
Moja = mein Herz
Kalea = voller Freude
Schwalbe = kündigt glücklichen Wandel an
Yuki = Freiheit
Trisha = Honigbiene
Wildbiene = hilft den Überblick zu wahren
Laini = Zart
Schmetterling = befreit von Sorgen und Stress
Maddox = der Glückliche
Hummel = setzt unmögliche Dinge in die Tat um
Elfriede = Naturgeist, Elfe
Sergej = der Große
Adler = kündigt neue Entwicklungsstufen an
Claudia = unbändige Kraft
Püppy = geben wir die Bedeutung geliebt
Ameise = Geduld, Strategie, Disziplin
Keena = Die Tapfere
Hund = Freund, Kamerad
Felix = der Glückliche
Horacia = Zeit

Schildkröte = alte weise Mutter
Tyrese = der Kraftvolle
Mahalia = die Schöne
Hirsch = steht für Besinnung und Stärke
Jacob = der Beschützer
Sirius = Stern
Bär = großer Beschützer, strahlt Ruhe aus
Colin = kleiner Häuptling
Biber = befreit einen von Altlasten
Jitu = Riese
Igel = er hilft uns, dass wir unser Licht nicht unter den Scheffel stellen
Küstenseeschwalbe = lebt den Tanz der Energie
Majana = die die Wahrheit kennt

**Regine Sonnleitner – Der Flug des Falken**

9,95 Euro, 98 Seiten, ISBN 978-3-96103-599-1

Lassen Sie sich mitnehmen auf eine entspannende Reise. Geben Sie Ihrer Seele eine Auszeit von der lauten Welt. Tauchen sie ein in den Lebensraum von Malu, der Fledermaus, und seinen Freunden, den wahren Besitzern der Erde, auf der Suche nach den wichtigen Dingen im Leben. Finden Sie Ruhe, Stille, Hoffnung und Trost. Jeder braucht zur gegebenen Zeit eine Geschichte in seinem Leben, die ihm Kraft gibt oder einfach etwas Hoffnung, um seinen Alltag wieder zu bewältigen. Diese Geschichten sind für all die Menschen geschrieben, die eine Geschichte dringend nötig haben, also alle. Jeder sollte einen Malu in seinem Leben haben.